선물하고 싶어요!

손뜨개
인형옷 만들기

송윤주 저

예신 Books

머리말

독일의 로텐부르크를 여행하던 중 조그마한 포셀린 인형 가게의 전시창 안에 전시되어 있는 다양한 얼굴의 무표정한 인형들의 모습에 매료된 것이 인형에 관심을 가지게 된 계기가 되었습니다. 그 후로 제 심장을 두근거리게 하는 인형이 보이면 하나, 둘 입양하게 되었고, 패브릭 인형을 만들면서 예쁜 옷을 입혀주고 싶은 마음에 손뜨개까지 배우게 되었습니다.

뜨개에 대해 하나도 알지도 못하는 상황에서 손뜨개를 배우기 시작했는데, 그 긴 과정에서도 실력이 향상되면 꼭 내가 예쁜 옷을 만들어 입히겠다는 들뜬 마음으로 수도 없이 연습하고 뜨고 풀고를 반복했던 것 같습니다. 그 후 대바늘과 코바늘 보그 강사 자격을 취득하면서부터 제가 만들어 보고 싶은 디자인으로 하나, 둘 만들게 되었습니다.

직장 생활할 당시 기계 설계, 투시도, 조감도 등 설계 관련 일을 했는데 그때 이것저것 다양하게 공부하며 배웠던 것이 현재 패턴 작업에도 사용할 수 있어서 책을 쓰는 데 아주 유용했습니다. 창작, 디자인과 설계, 뜨개까지 이 모든 과정이 제겐 너무 재밌는 퍼즐 같은 느낌이라 지금까지 지루할 틈 없이 매일매일을 즐기고 있습니다.

이 책은 손뜨개를 처음 배우는 초보자도 쉽게 따라하여 인형 옷과 소품을 만들 수 있도록 재료와 도구, 도안 보는 법, 대바늘 및 코바늘 기초 뜨기법 등을 자세하게 설명하였습니다. 특히 도안은 기초만 잘 다져졌다면 충분히 영상과 사진을 참고해서 뜰 수 있도록 작업했습니다. 되도록이면 어려운 용어나 방법은 대체적으로 사용하지 않으려고 했고 뜨개 초보 시절 답답했던 경험을 고려하여 도안을 만들 때 각별히 신경을 많이 써야겠다는 마음으로 노력을 많이 했습니다.

무료했던 나의 일상에 인형과 손뜨개가 자리 잡으면서 하루하루 행복한 고민에 빠져들게 해줘 얼마나 기쁜지 모릅니다. 그리고 혼자서는 할 수 없는 마무리 작업을 도와주신 니나님, 위니님, 마이제이님, 겨울매화님, 둘둘님께 너무너무 감사하단 말씀을 전하고 싶습니다. 긴 시간 홀로 작업을 하다 보니 외롭고 힘들어 지치기도 하고 집안일도 소홀했지만 옆에서 항상 긍정의 힘을 북돋아 주고 응원하며 지켜봐 주던 옆지기에게도 감사한 마음을 전하고 싶습니다.

저자 씀

차 례

겹단 반소매 드레스 162쪽

경사뜨기 탑다운 136쪽

프릴 에이프런 170쪽

프릴 비침무늬 카디건
122쪽

비침무늬 베레모
188쪽

오프 숄더 드레스
176쪽

비숍 소매 탑다운 & 줄무늬 스커트
74쪽

클로슈 햇
212쪽

비침무늬
홀터넥
드레스
102쪽

비침무늬 베레모 188쪽

프릴 비침무늬
카디건 롱 & 숏
122쪽

보울러 햇 204쪽

곰돌이 백 196쪽

비침무늬 민소매 니트 & 팬츠
92쪽

보울러 햇 204쪽

오프 숄더 드레스 176쪽

클로슈 햇 212쪽

보터 햇 208쪽

비침무늬 케이프
184쪽

케이프 슬리브 탑다운 & 스커트 154쪽

보터 햇 208쪽

보터 햇 208쪽

솔칼라 배색 베스트 112쪽

곰돌이 백 196쪽

비침무늬 스커트 144쪽

퍼프 소매 탑다운 &
비침무늬 스커트
144쪽

비침무늬 팬츠 92쪽

하프 소매 카디건 82쪽

경사뜨기 탑다운 136쪽

하프 소매 카디건
82쪽

비침무늬 홀터넥 드레스
102쪽

비숍 소매 탑다운
74쪽

손뜨개 기초 클래스

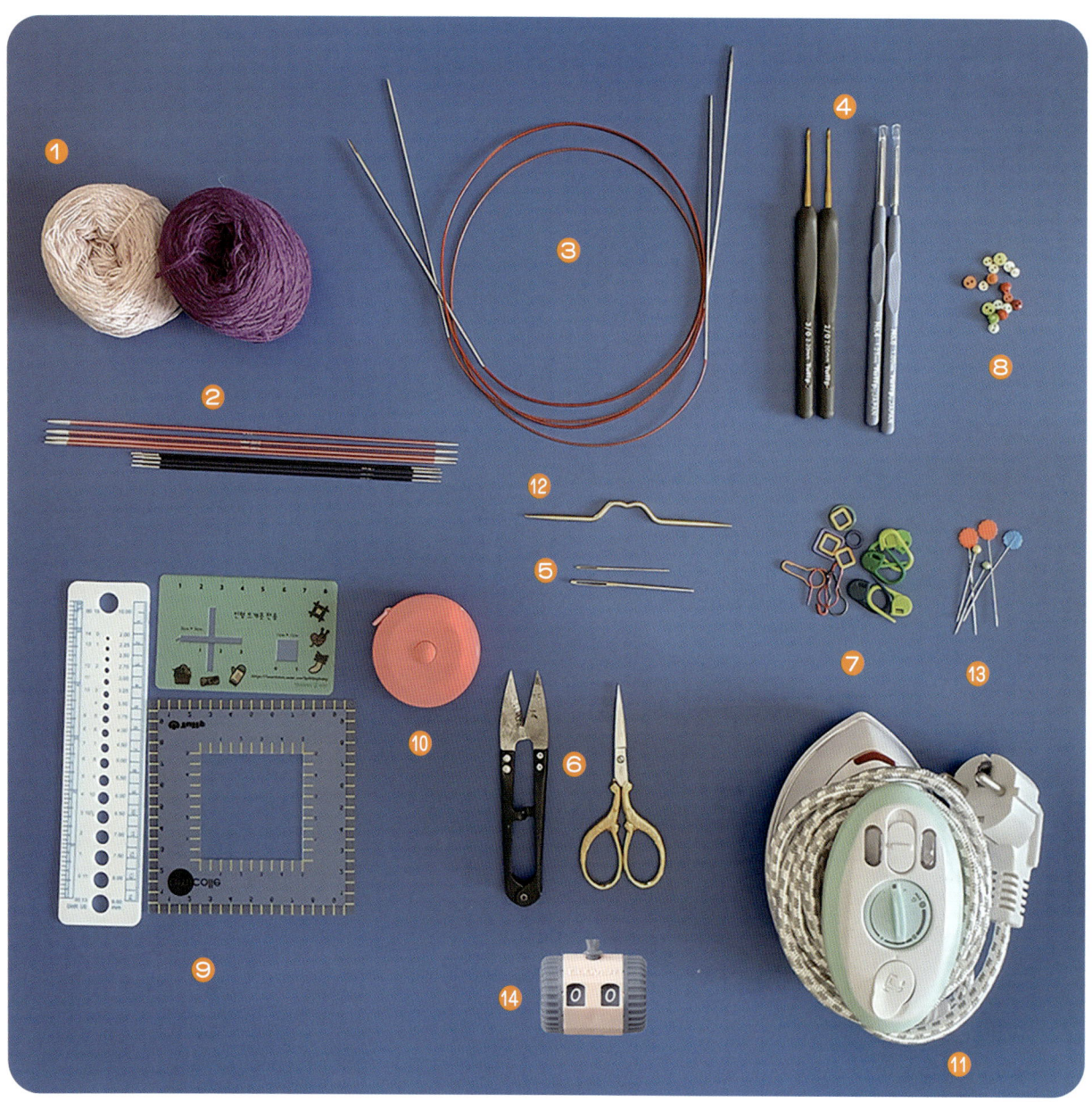

① 뜨개실
② 장갑바늘(막대바늘)
③ 줄바늘
④ 코바늘
⑤ 돗바늘

⑥ 가위(쪽가위)
⑦ 마커, 단수, 콧수링
⑧ 단추
⑨ 게이지 자
⑩ 줄자

⑪ 스팀다리미
⑫ 꽈배기 바늘
⑬ 시침핀
⑭ 단수 체크기

❶ 뜨개실

보통 인형 실로 많이 사용하는 실은 램스울, 앙고라, 모헤어이다. 이 책의 도안에 사용된 실은 모헤어(SANDES GARN TYNN SILK MOHAIR), 램스울 2합·3합, 앙고라 2합·3합, 어울림 실이며, 소품에는 eco-ANDARIA, 면사(얀메이크 싸면)를 사용했다.

❷ 장갑바늘(막대바늘)

인형 옷을 뜰 때 1~2.5mm, 그 이상의 바늘도 사용하게 되는데, 레이나와 비슷한 사이즈의 인형 옷을 뜰 때는 보통 1.5~2.5mm와 길이 15~20cm를 많이 사용한다. 이 책의 도안에서는 1.75~2mm의 바늘이 주로 쓰였으며, 도안에 따라 2.5mm와 3mm 바늘도 사용되었다.

❸ 줄바늘

대바늘 2개의 끝부분이 줄로 연결된 바늘로 평뜨기, 원형뜨기가 가능하고 장갑바늘과 마찬가지로 사이즈는 동일하다. 줄 길이는 40~100mm가 있지만, 인형 옷으로 뜰 때 줄 길이는 60~80mm가 가장 적당하다.

❹ 코바늘

코바늘은 굵은 모사용과 얇은 레이스용으로 나뉘며, 레이나 옷이나 소품은 얇은 실로 작업하기 때문에 레이스용 코바늘을 많이 사용한다.

❺ 돗바늘

바늘구멍이 크기 때문에 굵은 실을 쉽게 꿸 수 있어 뜨개끼리 연결하거나 코와 코를 정확히 찔러 마무리할 때 필요한 도구이다.

❻ 가위(쪽가위)

실을 자르는 데 사용하기 때문에 사이즈가 작고 뾰족한 수예용 가위나 족집게처럼 생긴 쪽가위를 사용한다.

❼ 마커

단수나 콧수 간격을 표시할 때 사용하며, 코와 코 사이에 걸어주는 도구이다. 인형 옷을 뜰 때는 얇은 마커를 사용하는 것을 권장한다.

❽ 단추

인형 단추는 4~5mm 단추를 많이 사용한다. (편물의 짜임에 따라 단추 크기는 달라진다.)

❾ 게이지 자

게이지를 낼 때 사용하는 자로, 보통 대바늘 뜨기에서는 사방 10cm를 기준으로 하지만 인형 옷을 뜰 때는 사방 5cm를 떠서 게이지를 낸다.

❿ 줄자

인형의 사이즈를 재거나 편물 사이즈를 잴 때 사용한다.

⓫ 스팀다리미

스팀다리미는 편물을 뜨고 난 후 또는 중간, 게이지를 낼 때 스팀을 넣어 편물의 모를 고르게 하고 말려져 있는 편물을 펴거나 사이즈도 조절하는 역할을 한다. 완성한 후에는 꼭 세척 후 스팀을 넣어 누워 있던 모를 바로잡아 주고, 시침핀을 사용하여 틀어진 부분과 사이즈를 잘 조절해준다.

⓬ 꽈배기 바늘

갈고리 모양의 등이 구부러진 바늘로 꽈배기 무늬(교차뜨기)를 뜰 때 코가 쉽게 빠져나오지 않게 하는 대바늘 뜨기에 필요한 도구이다.

⓭ 시침핀

완성한 편물끼리 연결할 때 또는 블로킹을 할 때 고정시키기 위한 도구이다.

⓮ 단수 체크기

단수를 체크하는 기계이다.

이 책에 수록된 인형 옷 도안은 파올라 레이나 기본(디폴) 바디를 기준으로 제작되었다. 책 속의 모델의 바디는 기본 바디, 라쿤돌(블라썸, 걸리쉬) 바디, 다락 바디(34cm)이다. 라쿤돌 바디는 디폴 바디에 비해 허리와 가슴 부분이 좀 더 날씬하고, 다락 바디는 디폴 바디와 비슷한 사이즈이다. 다락 바디는 도안대로 작업하면 딱 맞는 사이즈로 나오지만, 라쿤돌 바디는 약간 클 수 있기 때문에 상의는 괜찮으나 하의(허리 부분)는 클 수 있다. 이럴 땐 허리 부분은 바늘을 한 사이즈 더 작은 것으로 뜨거나, 단추를 좀 더 안쪽으로 달아야 한다.

1 게이지 내기

게이지는 뜨는 사람의 손땀에 따라 달라질 수 있다. 일반적으로 사방 10cm 내의 콧수와 단수를 세어 1cm의 콧수와 단수를 계산하는데, 인형 옷의 경우에는 사방 5cm, 즉 가로·세로 7cm 정도를 떠서 사방 5cm 내의 콧수와 단수를 세어준다.

만약 도안의 게이지 콧수보다 적게 나오면 바늘 사이즈를 한 사이즈 줄이거나 좀 더 쫀쫀하게 뜨고, 도안의 게이지보다 콧수가 많게 나오면 약간 느슨하게 뜨거나 바늘을 한 사이즈 큰 것으로 떠준다. 바늘 사이즈를 업하거나 다운할 때도 반드시 게이지를 내보는 것을 권장한다.

이 책에서의 게이지는 메리야스뜨기로 만든 게이지이다. 각 도안에 제시된 바늘 사이즈로 반드시 게이지를 내보고 뜨길 바란다.

앙고라 2합(2mm)
4.2코, 6단(1cm×1cm)

램스울 2합(1.75mm)
4.6코, 7단(1cm×1cm)

모헤어(2mm)
3.9코, 5.2단(1cm×1cm)

어울림 2합(2mm)

4.2코, 5.6단(1cm×1cm)

저스트햄프(모사용 5호)

2.2코, 2.2단(1cm×1cm)

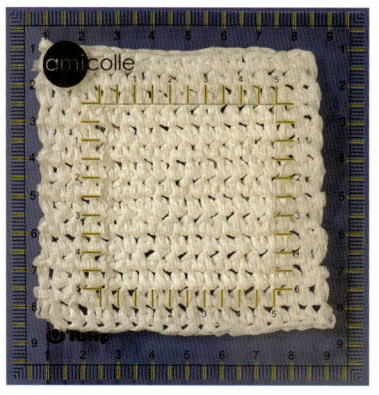

에코안다리아(모사용 5호)

2.1코, 2단(1cm×1cm)

얀메이크 싸면(모사용 2호)

3.7코, 3.6단(1cm×1cm)

② 사용실

　이 책의 도안에 사용된 실은 모헤어(SANDES GARN TYNN SILK MOHAIR), 램스울 2합·3합, 앙고라 2합·3합, 어울림 실이며, 소품에는 eco-ANDARIA, 면사(얀메이크 싸면)를 사용했다.

　모헤어 실은 종류가 다양하나, 굵기와 모헤어 함량에 따라 완성되었을 때 사이즈 차이가 크게 나기 때문에 다른 종류의 모헤어 실을 사용할 경우 반드시 게이지를 내서 확인해 보고 떠야 한다.

일반적으로 인형 옷에 가장 많이 사용하는 실은 램스울과 앙고라 실인데, 램스울은 울 80%, 나일론 20% 정도가 적당하며, 앙고라 실은 앙고라 함량이 20~40% 정도가 적당하다. 앙고라 함량이 낮은 실은 램스울 2합과 비슷한 느낌이고, 함량이 60%를 넘는 앙고라 실은 램스울 3합과 비슷한 두께이므로 앙고라 실로 뜰 경우 함량을 잘 따져 보고 선택한다.

램스울과 앙고라 실도 판매 업체마다 굵기가 조금씩 다르고, 실 색에 따라서도 굵기에 차이가 있기 때문에 뜨기 전에 꼭 게이지를 내본다.

③ 도안 보는 법

도안은 기본적으로 서술형 위주이며, 많이 사용하는 기법으로 구성되어 있지만 일부 무늬뜨기 부분은 차트 도안으로 되어 있다. 초보자들도 쉽게 따라 뜰 수 있도록 사진과 QR 영상이 중간중간 수록되어 있다.

(1) 서술형 도안 읽는 법

예 k5, kfb, {k4, kfb, (k5, kfb)×2}×4, k4

겉뜨기 5번, kfb 1번,

{겉뜨기 4번, kfb 1번, (겉뜨기 5번, kfb 1번을 총 2번 반복)}×4, 겉뜨기 4번

밑줄 그은 과정을 4번 한 후 겉뜨기 4회

※ 서술형 도안에서 (오모, 왼모, kfb)=(오모1, 왼모1, kfb1)로 뜨는 기법에 1이 없는 경우 1로 간주한다.

(2) 차트 도안 읽는 법

차트 도안은 겉면에서 보았을 때의 무늬를 기준으로 만든다. 예를 들어, 메리야스뜨기는 겉면에서 보면 모두 겉뜨기 무늬만 보이는데, 차트 도안 역시 겉뜨기로만 표시된다. [예시 1] 하지만 뜰 때는 안쪽면은 안뜨기로 떠야 한다. [예시 2] 겉면에서 같은 기호일 경우, 안쪽면에서는 그 기호의 반대로 떠야 한다. [예시 3]

[예시 1]

안면 →
겉면 ←

메리야스뜨기

[예시 2]

안면 →
겉면 ←

실제로 뜰 때는 짝수단은 안뜨기

[예시 3]

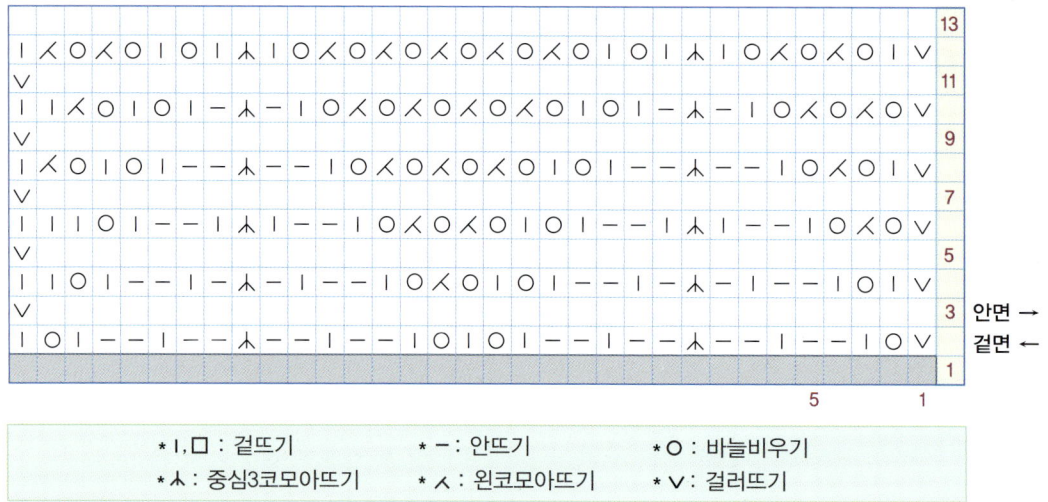

안면 →
겉면 ←

* I, □ : 겉뜨기　　　　* − : 안뜨기　　　　* O : 바늘비우기

* ⋏ : 중심3코모아뜨기　　* ⋏ : 왼코모아뜨기　　* V : 걸러뜨기

이 차트에서는 짝수단이 겉면이다. (보통은 홀수단이 겉면인 경우가 많지만, 이는 도안에 따라 달라질 수 있다.) 이 차트를 예로 들면, 겉면은 우에서 좌로, 안쪽면은 좌에서 우로 보고 뜬다.

1단은 코를 잡은 단이고, 2단은 겉면(우에서 좌로 보기) 걸러뜨기, 바늘비우기, (겉뜨기 1, 안뜨기 2를 두 번 반복), 중심3코모아뜨기, (안뜨기 2, 겉뜨기 1을 두 번 반복), (바늘비우기, 겉뜨기 1을 두 번 반복), 안뜨기 2, 겉뜨기 1, 안뜨기 2, 중심3코모아뜨기, (안뜨기 2, 겉뜨기 1을 두 번 반복), 바늘비우기, 겉뜨기 1이다. 3단은 안쪽면(좌에서 우로 보기)은 걸러뜨기, 다음 네모칸 기호는 겉뜨기인데 겉뜨기 기호가 안쪽면에 있을 때는 안뜨기로 떠야 한다.

4 뜨면서 수정 조절하기

게이지를 잘 내서 뜨더라도, 뜨다 보면 커지거나 작아질 수 있기 때문에 뜨면서 수시로 인형에 입혀 보는 것이 중요하다.

옷이 많이 크다 싶을 때는 뜨는 도중이라도 바늘 사이즈를 한 단계 작은 것으로 바꿔 뜨거나 손땀을 조절해가면서 뜨고, 길이가 좀 길다 싶으면 도안에서 반복되는 단 중에 몇 단 정도는 빼고, 짧으면 더 추가해서 길이를 조절해준다.

일반적으로 옷이 조금 작을 때는 세척 후 스팀을 넣으면 어느 정도 늘릴 수 있으니 참고하길 바란다.

5 완성 후 작업(스팀 블로킹)

손뜨개에서 제일 중요한 작업이 마무리 작업인 스팀을 넣으면서 블로킹을 하는 것이라고 생각한다. 블로킹이란 편물을 고르게 하고 사이즈를 조정하기 위한 최종 과정이다.

옷이 완성되면 실밥을 정리하고, 중성 세제로 세척한 후 형태를 잡아 말린 다음 스팀을 넣어 옷의 형태를 바로잡아 준다.

앙고라나 울 실은 세척을 하면 모가 살아나서 더 풍성해지고 부드러운 느낌이 나기 때문에 세척을 권장한다. 모헤어 실은 자체만으로 풍성한 모가 있어 굳이 세척을 하지 않고도 스팀을 넣으면 블로킹이 가능하다.

여밈 부분의 경우 좌우 길이가 같도록 핀으로 고정시켜 스팀을 넣고 소매 부분처럼 원통형의 경우, 티슈나 솜뭉치를 넣어 볼륨 있게 만들어 놓고 스팀을 넣어준다.

주름 부분은 스팀을 한 번 쏜 후 손으로 일정한 간격의 주름을 잡아주고, 고정할 부분은 핀으로 고정한 다음 한 번 더 스팀을 넣고 그대로 말려준다.

게이지를 잘 내고 떴어도 스팀을 넣지 않으면 옷의 맵시가 살아나지 않기 때문에 이 과정은 꼭 필요하다.

★ 코잡는 법(실의 길이는 뜨고자 하는 편물의 4~5배 정도 잡아준다.)

코잡는 법

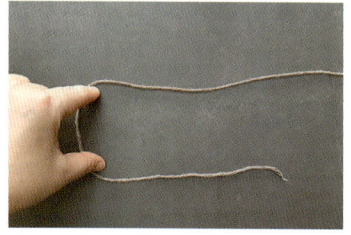

① 엄지와 검지를 벌려 실 안으로 넣는다.

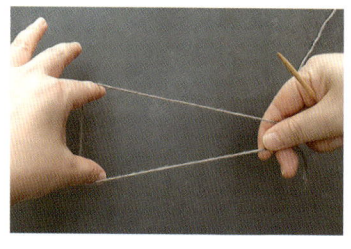

② 오른손으로 두 가닥의 실을 모아 탱탱하게 잡은 상태에서 아래쪽으로 내려준다.

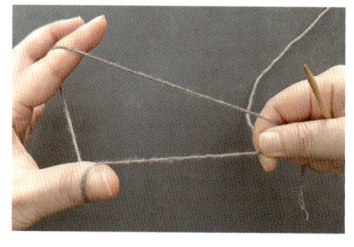

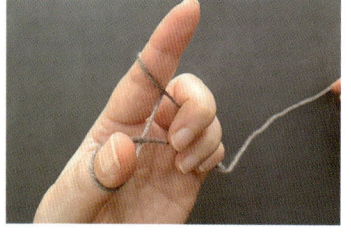

③ 왼손의 엄지와 검지를 제외한 손가락으로 두 가닥 실을 잡아준다.

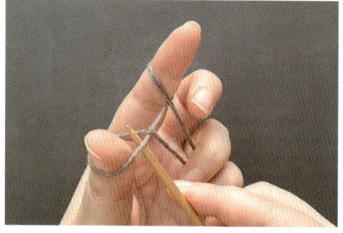

④ 바늘을 엄지의 걸린 실 안으로 아래에서 위쪽 방향으로 넣는다.

⑤ 검지에 걸린 실 안으로 위에서 아래로 넣으면서 실을 걸어준다.

⑥ 엄지의 실 안으로 통과시킨다.

⑦ 엄지와 검지를 실에서 빼주면 코가 1개 만들어진다.

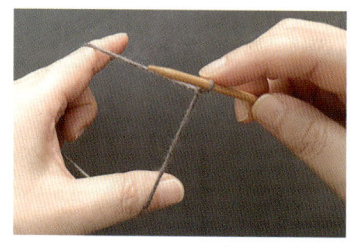

⑧ 다시 엄지와 검지를 두 가닥 실 사이로 넣고 나머지 손가락으로 실을 잡는다.

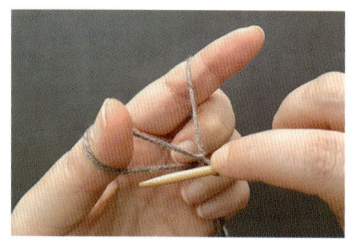

⑨ 엄지에 걸린 실 안으로 바늘을 아래에서 위로 넣는다.

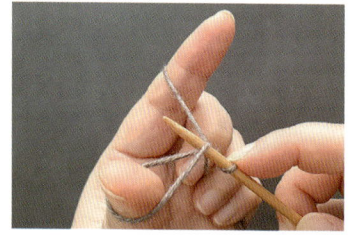

⑩ 검지에 걸린 실 안으로 바늘을 위에서 아래로 넣으면서 실을 걸어준다.

⑪ 엄지에 걸린 실 안으로 빼주면 코가 1개 더 만들어진다.

(⑧~⑪ 반복)

★ 원형뜨기

원형뜨기

① 필요한 콧수만큼 코를 만든다.

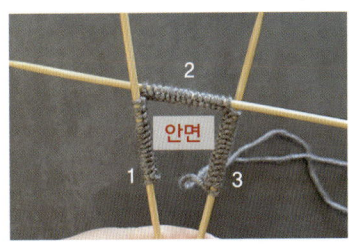

② 막대바늘 3~4개에 각각 나눠주고 실 꼬리가 오른쪽 바늘에 오도록 한다.

③ 1번 바늘의 첫 코를 3번 실로 뜬다.

④ 2번, 3번의 바늘의 코를 순서대로 뜨되, 바늘이 바뀌는 첫 코는 실을 당겨 짱짱하게 뜬다.

★ 겉뜨기(k) – knit ☐

겉뜨기, 안뜨기

① 바늘을 코의 왼쪽에서 뒤쪽 방향으로 코 안으로 넣는다.

② 실을 바깥에서 안쪽으로 감아 코 사이로 빼낸다.

③ 겉뜨기 1코 완성

★ 안뜨기(p) – purl ☐

① 바늘을 코의 오른쪽에서 앞쪽 방향으로 코 안으로 넣는다.

② 실을 바깥에서 안쪽으로 감아 코 사이로 빼낸다.

③ 안뜨기 1코 완성

★ 메리야스뜨기

메리야스뜨기

① 한 단은 모두 겉뜨기한다.

② 편물을 돌려 다음 단은 안뜨기 한다.

③ ①, ②를 반복한다.

★ 한코 고무뜨기

한코 고무뜨기

① 첫 코는 겉뜨기한다.

② 두 번째 코는 안뜨기한다.

③ ①, ②를 반복한다.

▶ 겉뜨기와 안뜨기를 번갈아가며 뜨고, 편물을 돌려 안쪽면을 뜰 때는 앞단의 겉뜨기 코는 안뜨기로 안뜨기 코는 겉뜨기로 뜬다.

★ 가터뜨기(G) – garter stitch

가터뜨기

겉면

① 겉면을 보고 겉뜨기를 한다.

안면

② 편물을 돌려 안면을 보고 겉뜨기를 한다.

③ 다시 겉면에서 겉뜨기, 안면에서 겉뜨기를 반복한다.

④ 가터뜨기 완성

▶ 가터뜨기는 겉면, 안면 모두 겉뜨기를 해주는 기법이다.

★ 걸러뜨기(걸) – slip(sl) V

걸러뜨기

겉면

① 바늘을 코의 오른쪽에서 앞쪽(안 뜨기) 방향으로 코 안으로 넣는다.

겉면

② 실을 감지 않고 그대로 오른쪽 바늘로 옮긴다.

▶ 겉면에서 첫 코부터 걸러뜨기할 경우 시작할 때 실을 뒤쪽으로 두고 걸러뜨기한다.

안면

① 바늘을 코의 오른쪽에서 앞쪽(안 뜨기) 방향으로 코 안으로 넣는다.

안면

② 실을 감지 않고 그대로 오른쪽 바늘로 옮긴다.

▶ 안면에서 첫 코부터 걸러뜨기할 경우 시작할 때 실을 앞쪽으로 두고 걸러뜨기한다.

★ 바늘비우기(바비) – yarn over(yo) O

바늘비우기

① 실을 앞쪽으로 둔다.

② 왼쪽 바늘의 코를 겉뜨기하듯 바 늘을 넣는다.

③ 실을 감아 코 사이로 빼낸다.

④ 바늘비우기 완성(1코 추가)

꼬아뜨기(겉, 안)

★ 겉뜨기로 꼬아(돌려)뜨기(ktbl) – knit through back loop ⚒

① 실을 뒤로 두고 바늘을 코 뒷부
분 사이로 넣는다.

② 실을 감아 코 사이로 뺀다.

③ 겉뜨기로 꼬아뜨기 완성

★ 안뜨기로 꼬아(돌려)뜨기(ptbl) – purl through back loop ⚒

① 실을 앞으로 두고 바늘을 코 뒷
부분 아래에서 위로 찔러 넣는다.

② 실을 감아 코 사이로 뺀다.

③ 안뜨기로 꼬아뜨기 완성

오모, 왼모

★ 오른코 모아뜨기(오모) – slip slip knit(ssk) ⋋

① 왼쪽 바늘의 첫 코를 겉뜨기 방향으로 바늘을 넣어 오른쪽 바늘에 걸러준다.

② 왼쪽 두 번째 코도 겉뜨기 방향으
로 바늘을 넣어 오른쪽 바늘에 걸
러준다.

③ 오른쪽 바늘의 2코를 왼쪽 바늘로, 앞쪽 방향으로 코 사이로 넣고 그 상태에서 실을 감아 코 사이로 바늘을 뺀다.

④ 오른코 모아뜨기 완성

★ 왼코 모아뜨기(왼모) − knit 2 together(k2tog) 〈人〉

① 왼쪽 바늘의 2코를 한꺼번에 겉뜨기하듯 바늘을 넣는다.

② 실을 감아 코 사이로 뺀다.

③ 왼코 모아뜨기 완성

★ 안뜨기 왼코 모아뜨기(안왼모) − purl 2 together(p2tog) △

안왼모, 안오모

① 오른쪽 바늘로 왼쪽 바늘의 두 코를 한꺼번에 안뜨기하듯 바늘을 넣는다.

② 실을 감아 코 사이로 뺀다.

③ 안뜨기 왼코 모아뜨기 완성

★ 안뜨기 오른코 모아뜨기(안오모) − slip, slip, p2tog tbl(ssp) △

① 오른쪽 바늘로 겉뜨기 방향으로 왼쪽 바늘의 첫 코를 오른쪽 바늘로 걸러준다.

② 왼쪽 두 번째 코도 겉뜨기 방향으로 바늘을 넣어 오른쪽 바늘로 걸러준다.

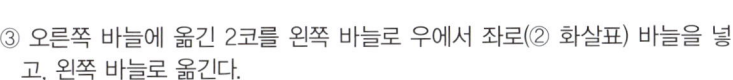

③ 오른쪽 바늘에 옮긴 2코를 왼쪽 바늘로 우에서 좌로(② 화살표) 바늘을 넣고, 왼쪽 바늘로 옮긴다.

④ 오른쪽 바늘로 옮긴 2코를 한꺼번에 안뜨기한다.

⑤ 안뜨기 오른코 모아뜨기 완성

★ 오른코 늘리기(m1r) – make 1 right

① 코와 코 사이의 가로지르는 실을

② 오른쪽 바늘로 앞에서 뒤로 찔러 넣어 왼쪽 바늘에 걸쳐준다.

③ 걸쳐둔 코에 겉뜨기 방향으로 바늘을 넣어 실을 걸어 코 사이로 뺀다.

④ 오른코 늘리기 완성

★ 왼코 늘리기(m1l) – make 1 left

① 코와 코 사이의 가로지르는 실을

② 왼쪽 바늘로 앞에서 뒤로 찔러 넣어 바늘에 걸쳐준다.

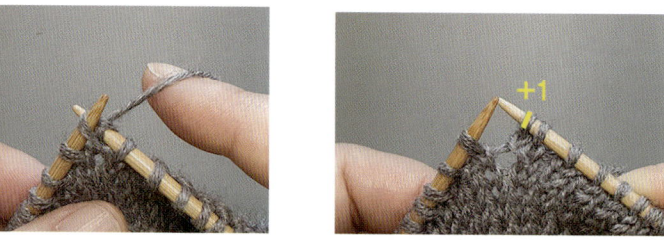

③ 걸쳐둔 코의 뒷부분에 바늘을 넣어 실을 걸어 코 사이로 뺀다.

④ 왼코 늘리기 완성

★ 오른코 늘리기(krl) – knit right loop

krl, kll

① 왼쪽 바늘의 첫 코의 바로 아랫단 코의 오른쪽 실 한 가닥에 오른쪽 바늘을 넣어 끌어올린다.

② 끌어올린 실을 왼쪽 바늘에 걸어준다.

끌어올린 코

③ 끌어올린 코를 겉뜨기한다.

④ 오른코 늘리기 완성

★ 왼코 늘리기(kll) – knit left loop

① 오른쪽 바늘의 마지막 코의 두 단 아랫단 코의 왼쪽 실에 왼쪽 바늘을 뒤에서 앞으로 넣어 끌어올린다.

② 끌어올린 코의 뒷부분에 바늘을
넣어 실을 걸어 코 사이로 뺀다.

③ 왼코 늘리기 완성

kfb, pfb

★ 겉뜨기코 늘리기(kfb) – knit front & back(겉뜨기 1코로 2코 만들기)

① 왼쪽 바늘의 첫 코를 겉뜨기 방향으로 바늘을 넣어 실을 걸어 코 사이로 뺀다. (단, 왼쪽 바늘의 코를 빼지 않은 상태에서)

② 빼지 않은 왼쪽 바늘의 코의 뒷부분에 바늘을 넣어 실을 걸어 코 사이로 뺀다.

③ 겉뜨기코 늘리기 완성

★ 안뜨기코 늘리기(pfb) – purl front & back(안뜨기 1코로 2코 만들기)

① 왼쪽 바늘의 첫 코를 안뜨기 방향으로 바늘을 넣어 실을 걸어 코 사이로 뺀다. (단, 왼쪽 바늘의 코를 빼지 않은 상태에서)

② 빼지 않은 왼쪽 바늘의 코의 뒷부분에 뒤에서 앞으로 바늘을 넣어 실을 걸어 코 사이로 뺀다.

③ 안뜨기코 늘리기 완성

★ 오른코 위 1코 교차뜨기 ✕

오(왼) 1코 교차뜨기

① 왼쪽 바늘의 두 번째 코 뒷부분에 오른쪽 바늘을 넣는다.

② 오른쪽 바늘에 두 번째 코를 걸친 상태에서 왼쪽 바늘의 2코를 빼낸다.

③ 왼쪽 바늘로 오른쪽 바늘 앞에 있는 첫 번째 코를 바늘에 걸어준다.

(1, 2번의 코를 교차한 상태)

④ 오른쪽 바늘에 걸린 코를 왼쪽 바늘로 옮겨준다.

⑤ 왼쪽 바늘의 2코를 순서대로 겉뜨기한다.

(2번 코를 겉뜨기한 상태)

⑥ 나머지 1코도 겉뜨기한다.

⑦ 오른코 위 1코 교차뜨기 완성

★ 왼코 위 1코 교차뜨기 ✕

① 왼쪽 바늘의 두 번째 코 앞부분에 오른쪽 바늘을 넣는다.

② 오른쪽 바늘에 두 번째 코를 걸친 상태에서 왼쪽 바늘의 2코를 빼낸다.

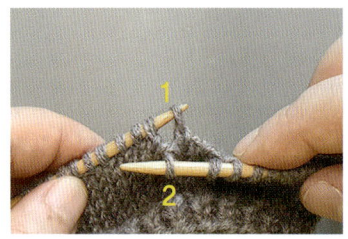

③ 왼쪽 바늘로 오른쪽 바늘 뒤에 있는 첫 번째 코를 바늘에 걸어준다.

④ 오른쪽 바늘에 걸린 코를 왼쪽 바늘로 옮겨준다.

⑤ 왼쪽 바늘의 2코를 순서대로 겉뜨기한다.

⑥ 왼코 위 1코 교차뜨기 완성

★ 오른코 위 2코 교차뜨기

오(왼) 2코 교차뜨기

① 왼쪽 바늘의 4코 중 첫 번째와 두 번째 코를 꽈배기 바늘에 옮기고 앞쪽으로 둔다.

② 세 번째, 네 번째 코를 겉뜨기한다.

③ 꽈배기 바늘에 있는 코를 왼쪽 바늘에 옮긴다.

(왼쪽 바늘에 옮겨진 상태)

④ 왼쪽 바늘의 2코를 순서대로 겉뜨기한다.

⑤ 오른코 위 2코 교차뜨기 완성

★ 왼코 위 2코 교차뜨기

① 왼쪽 바늘의 4코 중 첫 번째와 두 번째 코를 꽈배기 바늘에 옮기고 뒤쪽으로 둔다.

② 세 번째, 네 번째 코를 겉뜨기한다.

③ 꽈배기 바늘에 있는 코를 왼쪽 바늘에 옮긴다.

④ 옮겨진 왼쪽 바늘의 코를 순서대로 겉뜨기한다.

⑤ 왼코 위 2코 교차뜨기 완성

중3모

★ 중심3코 모아뜨기(중3모) ⋏

  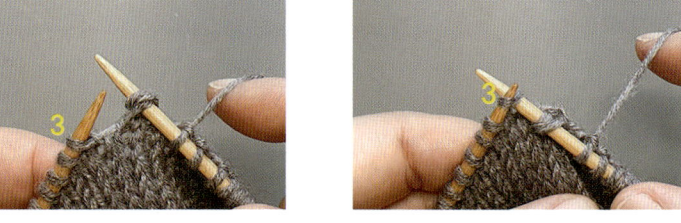

① 왼쪽 바늘의 2코를 오른쪽 바늘로 겉뜨기 방향으로 바늘을 넣어 뜨지 않고 옮긴다.

② 왼쪽 바늘의 세 번째 코를 겉뜨기 한다.

(세 번째 코까지 겉뜨기한 상태)

③ 걸러떴던 2코(1, 2)로 겉뜨기한 코를 덮어씌워 준다.

④ 중심3코 모아뜨기 완성

★ 감아코(감)

감아코

① 오른쪽 검지에 아래에서 위로 실을 감아준다.

② 검지에 걸린 실에 아래에서 위로 바늘을 넣어 실을 걸고 나온다.

③ 검지를 빼고 바늘 사이즈에 맞도록 실을 당겨준다.

④ 감아코 1코 완성(①, ②, ③을 원하는 수만큼 반복한다.)

★ 겉뜨기뜨면서 코막음(덮어씌워 코막음)

겉뜨기뜨면서 코막음

① 왼쪽 바늘의 첫 코를 겉뜨기한다.

첫 코 겉뜨기한 상태

② 왼쪽 바늘의 두 번째 코도 겉뜨기한다.

③ 오른쪽 바늘의 첫 코로 두 번째 코를 덮어씌운다.

④ 덮어씌우기한 상태
(다음은 ②, ③을 반복한다.)

★ 안뜨기뜨면서 코막음

안뜨기뜨면서 코막음

① 왼쪽 바늘의 첫 코를 겉뜨기한다.

② 왼쪽 바늘의 두 번째 코도 겉뜨기한다.

두 번째 코까지 겉뜨기한 상태

③ 오른쪽 바늘의 첫 코로 두 번째 코를 덮어씌운다. (다음은 ②, ③을 반복한다.)

★ 좌에서 우 코막음

좌에서 우 코막음

① 좌측에 원하는 코막음 콧수보다 1코 더 남겨두고 뜬다. 예 5코 코막을 경우 6코 남기고 뜬다.

② 왼쪽 바늘에 2코를 남겨두고 오른쪽 바늘로 뜨지 않고 코를 옮긴다.

③ 왼쪽 코로 오른쪽 코를 덮어씌운다.

1코를 코막음한 상태

④ 오른쪽 바늘의 1코를 왼쪽 바늘로 옮긴다.

⑤ 왼쪽 코로 오른쪽 코를 덮어씌운다.

⑥ ④, ⑤를 반복하여 마지막 코까지 덮어씌우고 왼쪽 바늘의 걸린 코는 겉뜨기한다.

⑦ 편물을 돌려 안쪽 면을 뜰 때 첫 코는 걸러뜨기한다.

★ kfb하며 덮어씌워 코막음

kfb 덮어씌우기

첫 코는 겉뜨기

① 첫 코는 겉뜨기한다.

kfb

② 두 번째 코는 kfb한다.

앞의 2코로 덮어씌우기

③ 오른쪽 바늘의 3코 중 왼쪽 바늘의 1, 2코로 세 번째 코를 덮어씌우기한다.

kfb

④ 다시 ②, ③을 반복한다.

세로잇기

★ 세로잇기

① 편물과 편물을 나란히 둔 상태에서 왼쪽 편물의 꼬리실 또는 새로운 실로 이어 주고 돗바늘에 꿰어준다.

② 좌측 첫 번째 코의 두 가닥에 바늘을 통과시킨다.

③ 오른쪽 편물의 코와 코 사이(빠져나왔던 부분)에 넣어 가로지르는 실 안으로 통과시킨다.

④ 왼쪽 편물도 아까 빠져나왔던 실 안으로 바늘을 넣어 코와 코 사이 가로지르는 실 안으로 통과시킨다.

⑤ ③, ④를 반복한다.

⑥ 몇 단을 지그재그 반복 후 잡아당겨 오므려준다.

(5~6단 정도 잇기 후 잡아당기는 것을 권장한다.)

★ 가로잇기

가로잇기

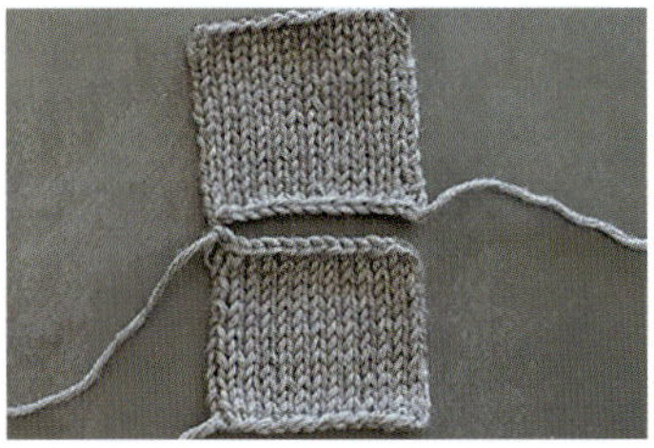

① 편물을 위, 아래 나란히 두고, 편물에 걸려 있는 실 또는 새로운 실을 연결해 돗바늘에 꿴다.

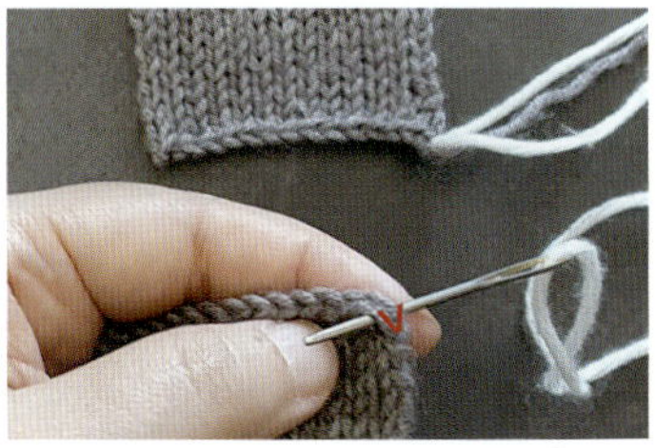

② 아래 편물의 첫 코(V자 모양) 두 가닥에 바늘을 넣어 통과시킨다.

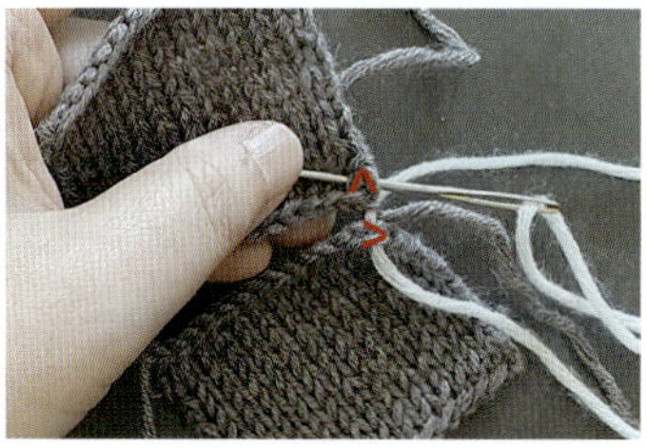

③ 위쪽 편물의 첫 코(역 V자 모양)의 두 가닥에 바늘을 통과시킨다.

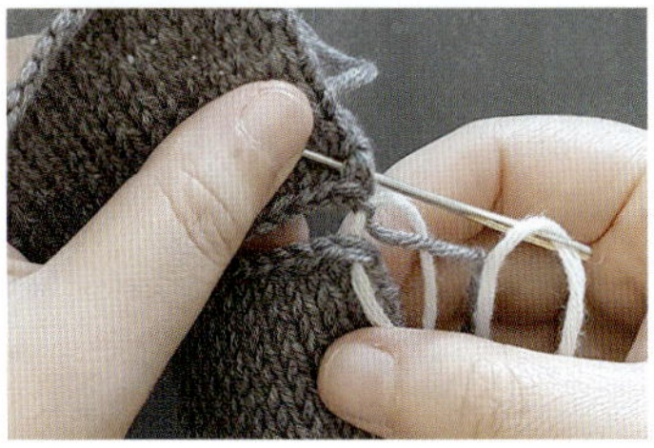

(만약 위쪽 편물의 첫 코가 V자 모양이면 한 가닥을 재껴 놓고 역 V에 통과)

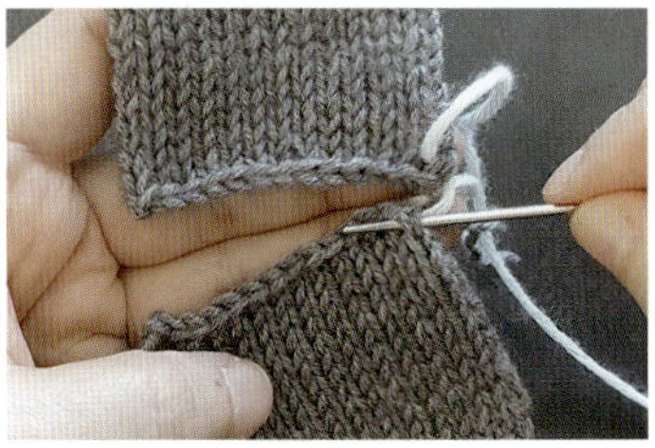

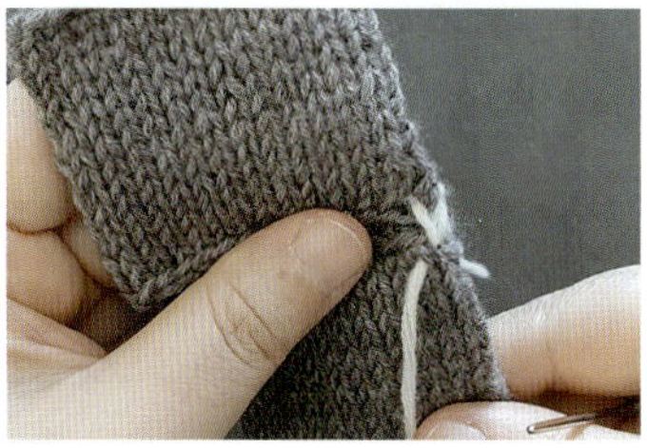

④ 아래 편물의 두 번째 코(V자 모양)에 바늘을 통과시킨다.

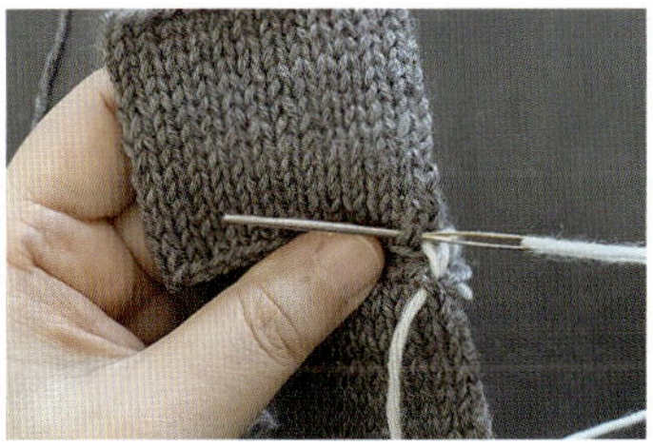

⑤ 다시 위쪽 편물의 두 번째 코(역 V자 모양)에 바늘을 통과시킨다.

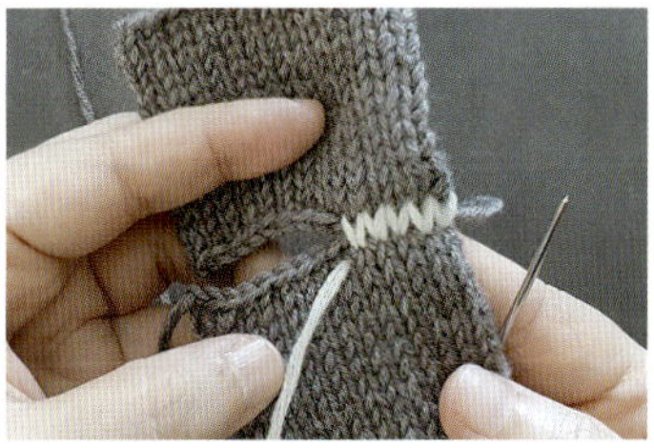

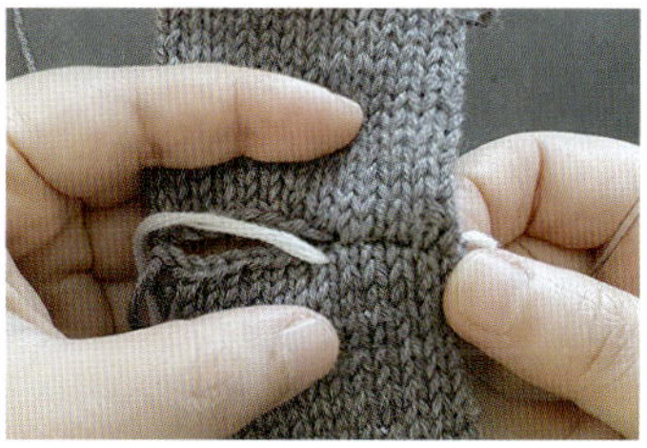

⑥ ④, ⑤를 반복해주고 5~6코 정도 연결 후 실을 당겨 오므려준다.

★ 코잡기 & 사슬뜨기 (O)

코잡기 & 사슬뜨기

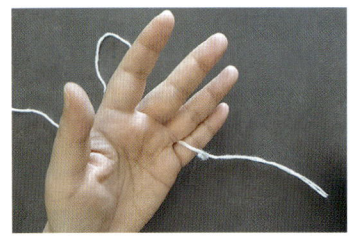

① 실꼬리를 약지와 새끼손가락 사이로 통과시킨다.

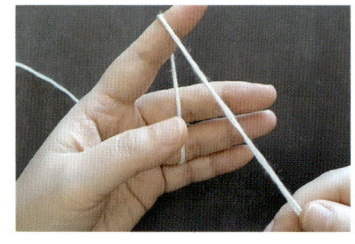

② 다시 검지와 중지 사이로 넣고 검지를 감싸듯 돌려준다.

③ 엄지와 중지로 실을 잡은 상태에서 바늘을 실 아래로 넣는다.

④ 시계 반대 방향으로 한 바퀴 돌린다.

⑤ 겹쳐진 부분을 잡고 바늘을 실 아래쪽으로 넣어 실을 감아 코 사이로 빼준다.

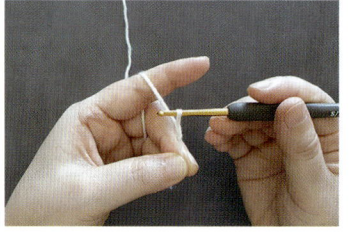

⑥ 다시 바늘을 실 아래쪽으로 넣어 실을 걸고 코 사이로 빼준다.

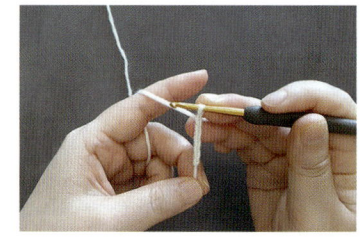

⑦ 원하는 개수만큼 만들어준다.

★ 짧은뜨기(×)

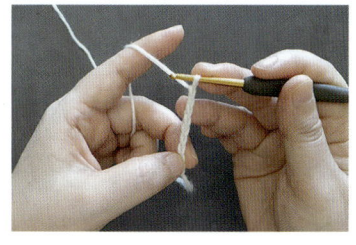

① 원하는 개수 + 1의 사슬을 뜬다.

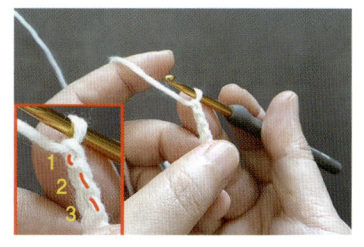

② 2번의 코산(콧등)에 바늘을 넣는다.

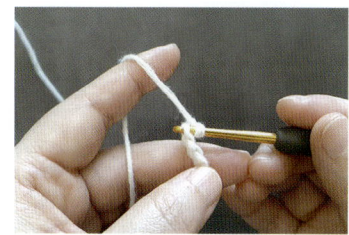

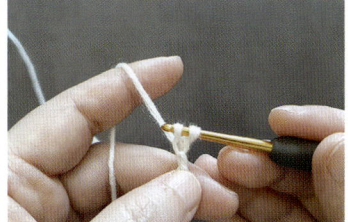

③ 바늘을 실 아래로 넣어 실을 감아와 코산을 통과한다.

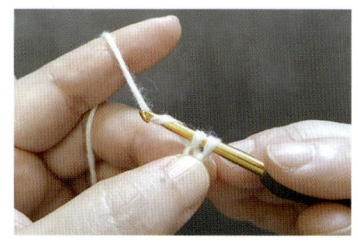

④ 다시 바늘을 실 아래로 넣어 실을 감아와서 2코 사이로 빼준다.

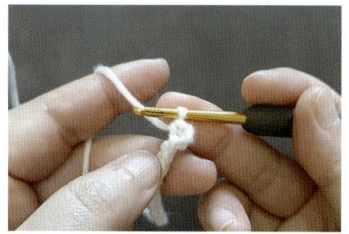

(짧은뜨기 1개 완성)

⑤ ②, ③, ④를 반복하여 마지막 코까지 뜨고, 기둥사슬을 1개 뜨고 편물을 돌린다.

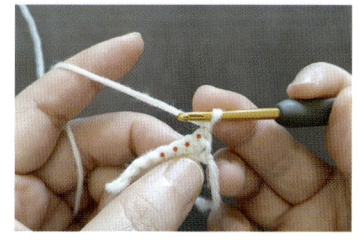

⑥ 순서대로 ●에 바늘을 넣는다.

⑦ 바늘을 실 아래로 넣어 실을 감아와 코 사이로 빼준다.

⑧ 다시 바늘을 실 아래로 넣어 실을 감아와서 2코 사이로 빼준다. (⑥, ⑦, ⑧을 반복한다.)

★ 짧은뜨기 1코 늘려뜨기(⋎)

짧은뜨기 1코 늘려뜨기

① 짧은뜨기를 1코 뜬다.

② 먼저 떴던 코에 짧은뜨기를 1개 더 뜬다.

③ 1코에 짧은뜨기가 2개 들어가 있는 상태

★ 긴뜨기(⊤)

긴뜨기

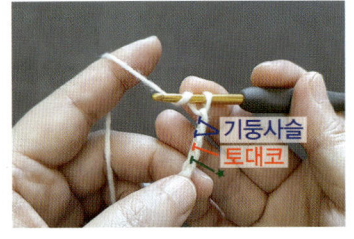

① (원하는 긴뜨기 개수-1)의 사슬을 뜨고, 토대코 1, 기둥사슬 2를 뜬다.

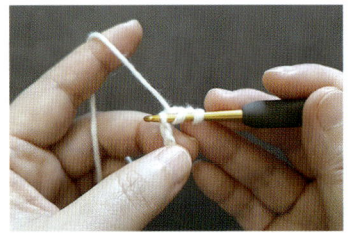

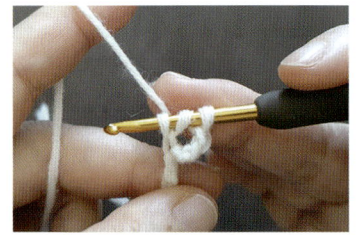

② 바늘에 실을 한 번 감아 ★의 콧등(코산)으로 바늘을 넣는다.

▶ 긴뜨기 10개를 만들 경우 사슬 9개, 토대코 1개, 기둥사슬 2개, 총 12개의 사슬을 만든다. (기둥사슬 2=긴뜨기 1)

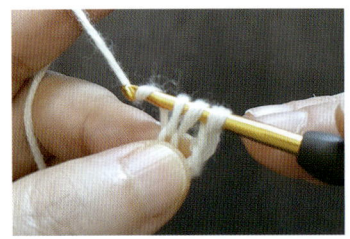

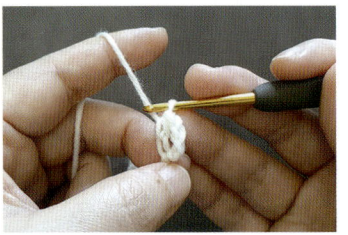

③ 실을 감아와 바늘에 걸린 3개의 코 안으로 바늘을 빼준다.

④ 마지막 코까지 긴뜨기를 뜬 후 사슬 2개를 만들고 편물을 돌려 다음 단을 뜬다.

⑤ 바늘에 실을 한 번 감아 순서대로 코(★) 안에 넣어 긴뜨기를 뜬다.

⑥ 마지막 코(★)까지 뜨고 ④를 반
   복한다.

★ 긴뜨기 1코 늘려뜨기(V)

긴뜨기 1코
늘려뜨기

1고에 긴뜨기 2개를 뜬다.

★ 긴뜨기 2코 늘려뜨기(V)

긴뜨기 2코
늘려뜨기

1코에 긴뜨기 3개를 뜬다.

★ 앞이랑뜨기 (⊼)

앞이랑뜨기

① 코의 앞쪽 한 가닥에 바늘을 넣어 짧은뜨기를 한다.

▶ 앞이랑 1코 늘려뜨기는 1코에 이랑뜨기를 1개 더 뜨는 것이다.

② 뜨고 나면 뒷면에 가로줄이 생긴다.

★ 뒤이랑뜨기 (⊻)

뒤이랑뜨기

① 코의 뒤쪽 한 가닥에 바늘을 넣어 짧은뜨기를 한다.

② 뜨고 나면 앞면에 가로줄이 생긴다.

★ 한길긴뜨기 ($\overline{\Upsilon}$)

① 한길긴뜨기를 하기 위해 사슬 9개를 만든다.

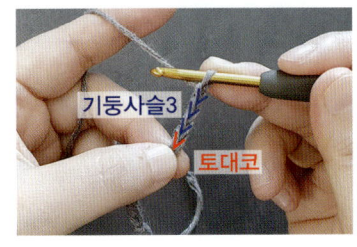

② 토대코 1개와 기둥사슬 3개를 더 뜬다.

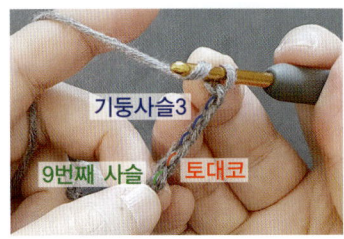

③ 바늘에 실을 한 번 감아 9번째 사슬의 콧등에 바늘을 넣는다.

④ 바늘을 넣은 상태에서 바늘에 실을 감아 콧등 사이로 빼준다.

⑤ 바늘에 3코가 걸리게 된다. 다시 실을 감아 1, 2번 코 사이로 뺀다.

⑥ 바늘에 2코가 걸리게 된다. 다시 실을 감아 2개의 코 사이로 뺀다.

(한길긴뜨기 완성)

⑦ 마지막 코까지 뜬 후 기둥사슬 3개를 뜨고 편물을 돌려 다음 단을 뜬다.

⑧ 화살표 부분(두 번째 코)에 바늘을 넣어 한길긴뜨기를 한다.

▶첫 번째 코는 기둥사슬의 자리이므로 두 번째 코에 첫 한길긴뜨기를 한다.

⑨ 마지막 코는 1단의 기둥사슬 3번째의 2가닥에 바늘을 넣어 한길긴뜨기를 한다.

⑩ 기둥사슬 3개를 뜨고 편물을 돌려 다음 단을 뜬다.

⑪ 3단 마지막 코도 1단의 기둥사슬 3번째의 2가닥에 바늘을 넣어 한길긴뜨기를 한다.

★ 한길긴뜨기 1코 늘려뜨기( )

한길긴뜨기 1코 늘려뜨기

① 한길긴뜨기를 뜬다.

② 한길긴뜨기를 뜬 코에 다시 한길긴뜨기를 뜬다.

③ 1코에 한길긴뜨기가 2개 들어가 있는 상태

★ 빼뜨기(●)

빼뜨기

코에 바늘을 넣어 실을 감아 코 안을 통과시킴과 동시에, 바늘에 걸린 코 안으로도 바늘을 통과시켜 빼준다.

★ 매직링, 원형뜨기

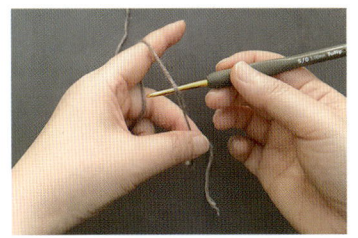

① 바늘을 실 아래에 넣는다.

② 시계 반대 방향으로 한 바퀴 돌린다.

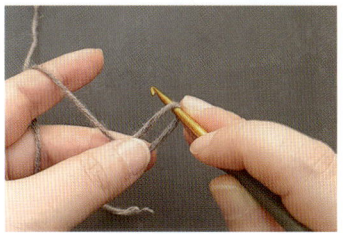

③ 겹쳐진 부분을 엄지와 중지로 잡는다.

④ 손가락에 걸린 실을 감아 원 안으로 통과시킨다. (원형뜨기의 기초가 만들어진 상태)

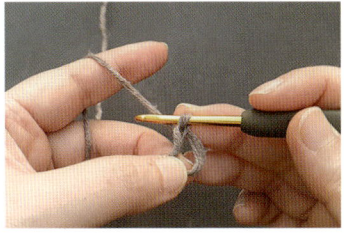

⑤ 기둥사슬을 1개 뜬다. (짧은뜨기로 할 경우)

(기둥사슬 만들어진 상태)

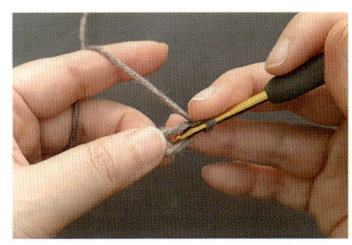

⑥ 원 안으로 바늘을 넣어 짧은뜨기 1개를 뜬다.

(짧은뜨기 만들어진 상태)

⑦ 주어진 개수만큼 짧은뜨기한다.

⑧ 실 끝을 잡아당겨 오므린다.

⑨ 첫 코 또는 기둥사슬에 바늘을 넣는다.

⑩ 빼뜨기한다.

⑪ 빼뜨기 완성

한길긴뜨기
5코 구슬뜨기

★ 한길긴뜨기 5코 구슬뜨기

① 한길긴뜨기하듯 바늘에 실을 감아 뜨고자 하는 코에 넣는다.

② 실을 감아 빼고 다시 한 번 실을 감아 1, 2번 코 사이로 통과시킨다.

미완성
한길긴뜨기 1

미완성
한길긴뜨기 2

미완성
한길긴뜨기 3

③ ①, ②와 똑같은 방식으로 처음 넣었던 코에 4번 더 반복한다.

미완성
한길긴뜨기 4

미완성
한길긴뜨기 5

④ 실을 감아 바늘에 걸린 모든 코 안으로 통과시킨다.

★ 팝콘뜨기

팝콘뜨기

① 뜨고자 하는 1코에 한길긴뜨기 5개를 뜬다.

② 1번째 한길긴뜨기 코에 바늘을 넣고 마지막 코의 사슬을 걸어 빼준다.

③ 사슬을 걸어 빼고 실을 당겨준 모습

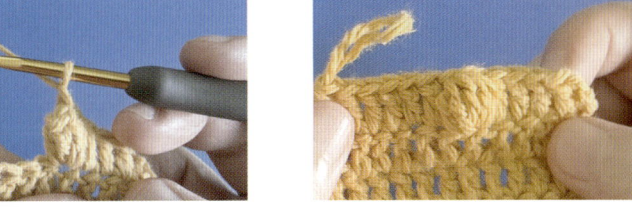

④ 다시 한 번 실을 감아 코 안으로 통과시킨다.

⑤ 팝콘뜨기 완성

인형 옷뜨기

비숍 소매 탑다운 & 줄무늬 스커트

⊗ **사용실**
SANDES GARN TYNN SILK MOHAIR 1합
앙고라 2합, 3합

⊗ **바늘**
1.75mm(모헤어) 줄바늘, 장갑바늘
2mm(앙고라 2합, 3합) 줄바늘, 장갑바늘

⊗ **게이지**
메리야스뜨기
모헤어 1합(1.75mm) : 4.6코×6.5단(1cm×1cm)
앙고라 2합(2mm) : 4.3코×6단(1cm×1cm)
앙고라 3합(2mm) : 3.8코×5.5단(1cm×1cm)

k(겉뜨기)	kfb(겉뜨기코 늘리기)	바비(바늘비우기, yo)
p(안뜨기)	krl(오른코 늘리기)	왼모(왼코 모아뜨기, k2tog)
걸(걸러뜨기, sl)	중3모(중심3코 모아뜨기)	오모(오른코 모아뜨기, ssk)
G(가터뜨기)	감(감아코)	안왼모(안뜨기 왼코 모아뜨기, p2tog)

겉(안)뜨기

걸러뜨기

가터뜨기

kfb

krl

중3모

감아코

바비

왼모, 오모

안왼모

 **뜨는 순서**

★ 상의는 top down이라 위 → 아래로 뜬다.

① 49코를 잡아 목 부분을 시작으로 28단까지 뜬다.

② 29단부터는 소매 부분만 별도로 뜬다.

③ 소매를 두 개 다 뜨고, 28단의 뜨지 않은 코를 모두 옮겨 몸판을 뜬다.

★ 스커트는 아래 → 위로 뜬다.

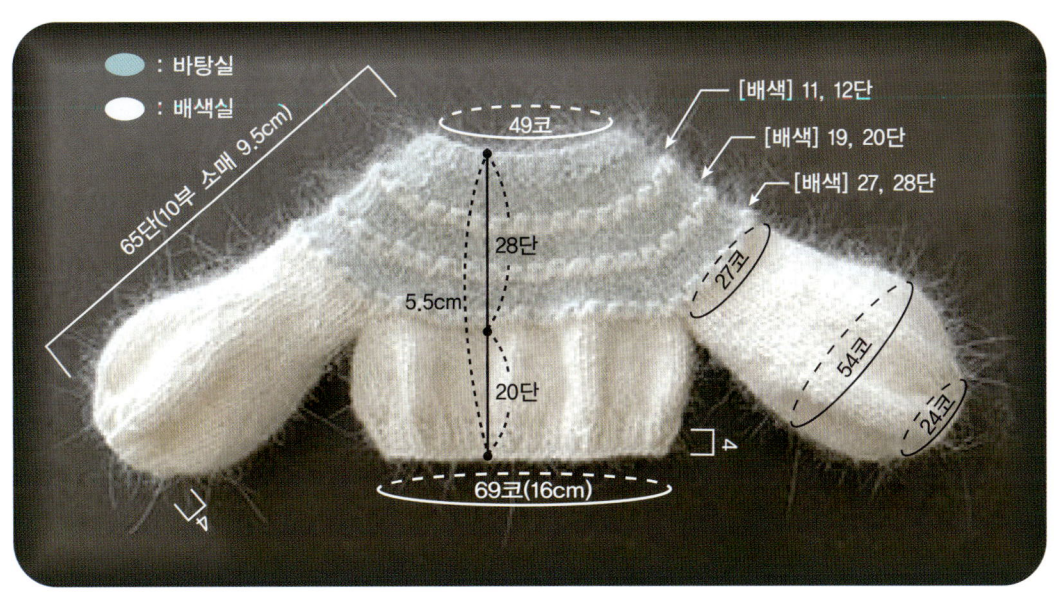

상의

1 49코 만들기(앙고라 2mm, 모헤어 1.75mm 바늘)

2 G5, (p1, k1을 6코 앞까지 반복), p1, G5

3 (겉) G5, (k1, p1을 6코 앞까지 반복), k1, k1, 오모, 바비, k2

4 (안) 모두 겉뜨기

5 G5, k3, kfb, (k2, kfb)×9, k3, kfb, k4, G5 (60)

6 G5, 5코 앞까지 안뜨기, G5

7 G5, 5코 앞까지 겉뜨기, G5

8 G5, 5코 앞까지 안뜨기, G5

9 G5, (k5, krl, k4, krl)×5, k5, G5 (70)

10 G5, 5코 앞까지 안뜨기, G5

11 [배색실] G5, (안왼모, 바비를 5코 앞까지 반복), k1, 오모, 바비, k2

12 [배색실] G5, (k1, p1을 5코 앞까지 반복), G5

13, 14 G5, 5코 앞까지 메리야스뜨기, G5

15 G5, (k6, krl, k5, krl)×5, k5, G5 (80)

16 G5, 5코 앞까지 안뜨기, G5

17, 18 G5, 5코 앞까지 메리야스뜨기, G5

19 [배색실] G5, (안왼모, 바비를 5코 앞까지 반복), k1, 오모, 바비, k2

20 [배색실] G5, (k1, p1을 5코 앞까지 반복), G5

21, 22 G5, 5코 앞까지 메리야스뜨기, G5

23 G5, k5, krl, {k4, krl, (k5, krl)×2}×4, k4, krl, k5, G5 (94)

24 G5, 5코 앞까지 안뜨기, G5

25 G5, k8, krl, {(k8, krl)×2, k7, krl}×3, k7, G5 (104)

26 G5, 5코 앞까지 안뜨기, G5

27 [배색실] G5, (안왼모, 바비를 5코 앞까지 반복), k1, 오모, 바비, k2

28 [배색실] G5, (k1, p1을 5코 앞까지 반복), G5 뜨면서 마커를 걸어둔다.

16 / 21(소매 부분) / 30 / 21(소매 부분) / 16(/=마커)

※ 29단부터는 소매 부분만 먼저 뜨고 나중에 몸판을 뜬다.

[사진 1]

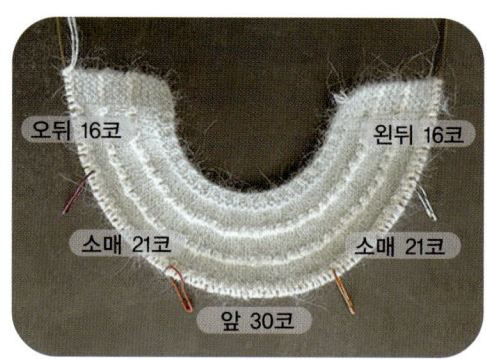

오뒤 16코   왼뒤 16코
소매 21코   소매 21코
앞 30코

29 [배색실] 29단은 소매 부분(21코)만 따로 뜨며 소매를 제외한 부분은 별실에 묶어둔다.
[사진 1], [사진 2]
감아코3을 만들고 감아코를 시작으로 k24 (24)

30 감아코3을 만들고 감아코를 시작으로 p27 (27)

소매 감아코

31~34 메리야스뜨기

35 k1, (k5, krl)×4, k6 (31)

36 모두 안뜨기

37~40 메리야스뜨기

41 k1, (k5, krl)×5, k5 (36)

42 모두 안뜨기

43, 44 메리야스뜨기

45 (k4, krl)×8, k4 (44)

46 모두 안뜨기

47, 48 메리야스뜨기

49 (k4, krl)×10, k4 (54)

50 모두 안뜨기

51~54 메리야스뜨기

※ 8부 길이일 경우 54단까지 뜨고 10부 소매로 할 경우 메리야스뜨기를 6단 더 뜨고 아래의 55단을 뜬다.
[사진 3]

55 k1, (중3모1, 왼모2)×7, 중3모1, k1 (24)

56 p1, (k1, p1을 1코 앞까지 반복), p1

57 k1, (k1, p1을 1코 앞까지 반복), k1

58 p1, (k1, p1을 1코 앞까지 반복), p1

59 덮어씌워 코막음

※ 30~40cm 여유실을 두고 잘라주고 몸판을 뜨고 난 후 소매잇기를 해준다. [152쪽 참고]

[사진 2]

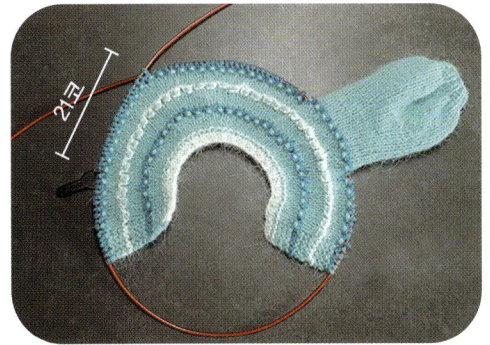

소매코(21)만 가지고 양끝 감아코 3코씩 만들어가며 소매를 뜬다.

[사진 3]

(좌) 8부 소매, (우) 10부 소매

29	별실에 있는 모든 코를 바늘에 옮긴다. [사진 4]
	겉면을 보고 G5, k11, 감4, k30, 감4, k11, G5
	(70)
30	G5, p60, G5

감아코 만들면서
몸판뜨기(29단)

[사진 4]

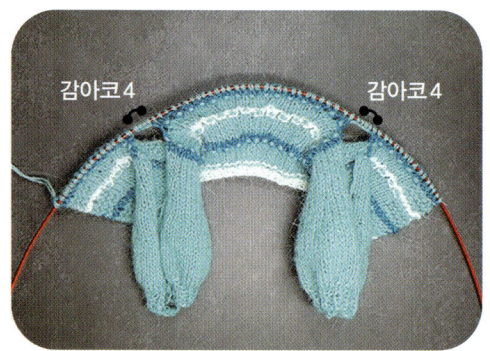

29단 : 몸판의 코를 겉뜨기하면서 겨드랑이 부분에
감아코 4코 만들어가며 뜬 상태

31	G5, (k6, krl, k5, krl)×5, k5, G5 (80)
32	G5, 5코 앞까지 안뜨기, G5
33	G5, 5코 앞까지 겉뜨기, G5
34	G5, 5코 앞까지 안뜨기, G5
35	G5, (k5, krl)×13, k5, G5 (93)
36	G5, 5코 앞까지 안뜨기, G5
37	G5, 5코 앞까지 겉뜨기, k1, 오모, 바비, k2
38	G5, 5코 앞까지 안뜨기, G5
39	G5, k4, krl, (k5, krl)×15, k4, G5 (109)
40	G5, 5코 앞까지 안뜨기, G5
41	G5, 5코 앞까지 겉뜨기, G5
42	G5, 5코 앞까지 안뜨기, G5
43	G5, k1, 중3모, (k2, 중3모)×19, G5 (69)
44	[47단까지 배색실] G5, (p1, k1)×29, p1, G5
45	G5, (k1, p1)×29, k1, k1, 오모, 바비, k2
46	G5, (p1, k1)×29, p1, G5
47	덮어씌워 코막음

SANDES GARN TYNN SILK MOHAIR 사용

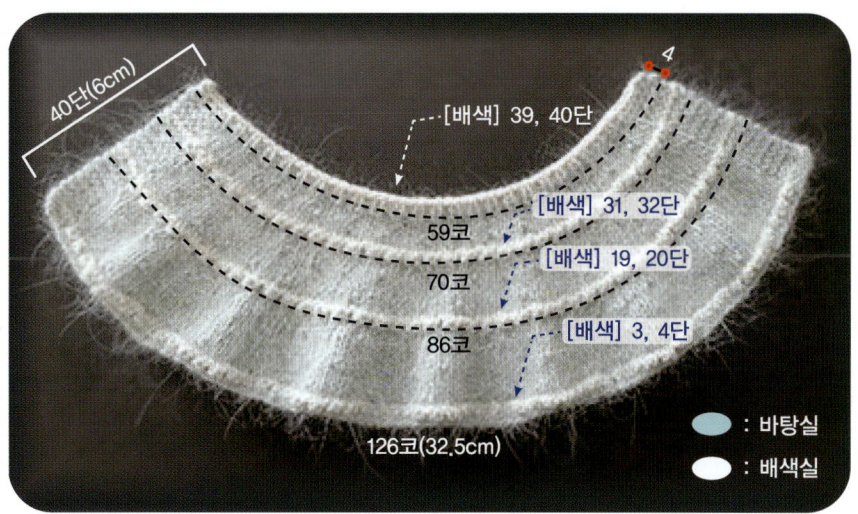

스커트

[차트 1]

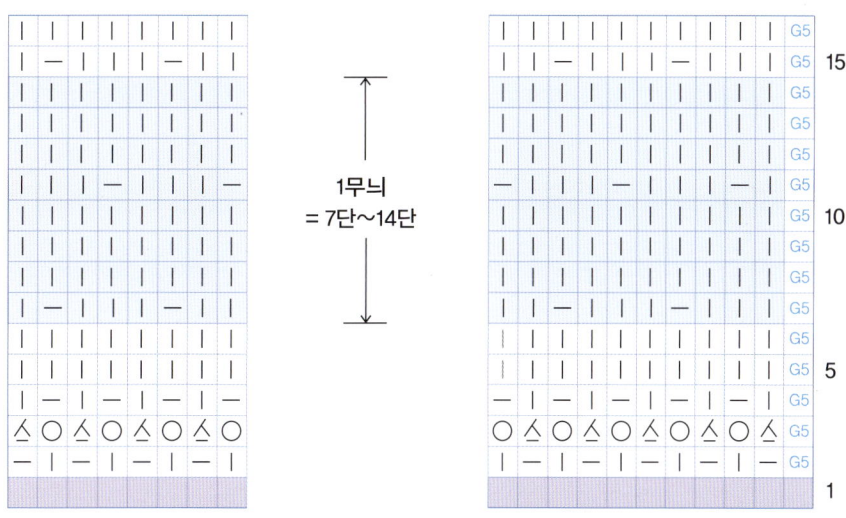

1무늬
= 7단~14단

* | : 겉뜨기   * — : 안뜨기   * ⋏ : 안뜨기두코모아뜨기   * ○ : 바늘비우기

1 126코 만들기(앙고라 2합, 3합=2mm, 모헤어= 1.75mm 바늘)

2 G5, (p1, k1을 5코 앞까지 반복), G5 [차트 1]

3 [배색실] (겉) G5, (안왼모, 바비를 5코 앞까지 반복), G5

4 [배색실] (안) G5, (k1, p1을 5코 앞까지 반복), G5

5 G5, (5코 앞까지 겉뜨기), G5

6 G5, (5코 앞까지 안뜨기), G5

7 G5, (k3, p1을 5코 앞까지 반복), G5

8 G5, (5코 앞까지 안뜨기), G5

9 G5, (5코 앞까지 겉뜨기), k1, 오모, 바비, k2

10 G5, (5코 앞까지 안뜨기), G5

11 G5, k1, (p1, k3를 8코 앞까지 반복), p1, k2, G5

12 G5, (5코 앞까지 안뜨기), G5

13, 14 5, 6단과 같이 동일하게 뜬다.

15 G5, (k3, p1을 5코 앞까지 반복), G5

16 G5, (5코 앞까지 안뜨기), G5

17 G5, k1, 왼모, {(k1, 왼모)×5, 왼모}×6, (k1, 왼모)×3, k2, G5 (86)

18 G5, (5코 앞까지 안뜨기), G5

19 [배색실] G5, (안왼모, 바비를 5코 앞까지 반복), k1, 오모, 바비, k2

20 [배색실] G5, (k1, p1을 5코 앞까지 반복), G5

21 G5, (5코 앞까지 겉뜨기), G5

22 G5, (5코 앞까지 안뜨기), G5

23 G5, (k3, p1을 5코 앞까지 반복), G5 [차트 1]

24 G5, (5코 앞까지 안뜨기), G5

25, 26 21, 22단과 같이 동일하게 뜬다.

27 G5, k1, (p1, k3를 8코 앞까지 반복), p1, k2, G5

28 G5, (5코 앞까지 안뜨기), G5

29 G5, (k3, 왼모, k2, 왼모)×8, k4, k1, 오모, 바비, k2 (70)

30 G5, (5코 앞까지 안뜨기), G5

31 [배색실] G5, (안왼모, 바비를 5코 앞까지 반복), G5

32 [배색실] G5, (k1, p1을 5코 앞까지 반복), G5

33, 34 21, 22단과 같이 동일하게 뜬다.

35 G5, (k3, p1을 5코 앞까지 반복), G5

36 G5, (5코 앞까지 안뜨기), G5

37 G5, k1, (k3, 왼모)×11, k4, G5 (59)

38 G5, (5코 앞까지 안뜨기), G5

39 [배색실] G5, (k1, p1을 6코 앞까지 반복), k1, k1, 오모, 바비, k2

40 [배색실] G5, (p1, k1을 6코 앞까지 반복), p1, G5

41 [배색실] 덮어씌워 코막음

하프 소매 카디건

❌ **사용실**
SANDES GARN TYNN SILK MOHAIR 1합
앙고라 2합

❌ **바늘**
1.75mm(모헤어) 줄바늘, 장갑바늘
2mm(앙고라 2합) 줄바늘, 장갑바늘

❌ **게이지**
메리야스뜨기
모헤어 1합(1.75mm) : 4.6코×6.5단(1cm×1cm)
앙고라 2합(2mm) : 4.3코×6단(1cm×1cm)

k(겉뜨기)　　　　　kfb(겉뜨기코 늘리기)　　　　왼모(왼코 모아뜨기, k2tog)
p(안뜨기)　　　　　pfb(안뜨기코 늘리기)　　　　오모(오른코 모아뜨기, ssk)
걸(걸러뜨기, sl)　　돌(돌려뜨기, 꼬아뜨기)　　　매듭뜨기(왼코에 꿴 매듭뜨기)
바비(바늘비우기, yo)　감(감아코)

겉(안)뜨기

걸러뜨기

kfb, pfb

돌려뜨기

감아코

바비

왼모, 오모

매듭뜨기

 **뜨는 순서**

★ **카디건(위 → 아래), 프릴(아래 → 위)**

① 프릴 부분을 먼저 떠둔다. (아래 → 위)

② 상의 부분을 1~4단까지 뜬다. (위 → 아래)

③ 5단에서 먼저 떠둔 프릴과 상의를 연결하고 34단까지 뜬다.

④ 35단에 소매 부분을 코막음한다.

⑤ 36단에 감아코를 만들어 몸통을 마지막 단까지 뜬다.

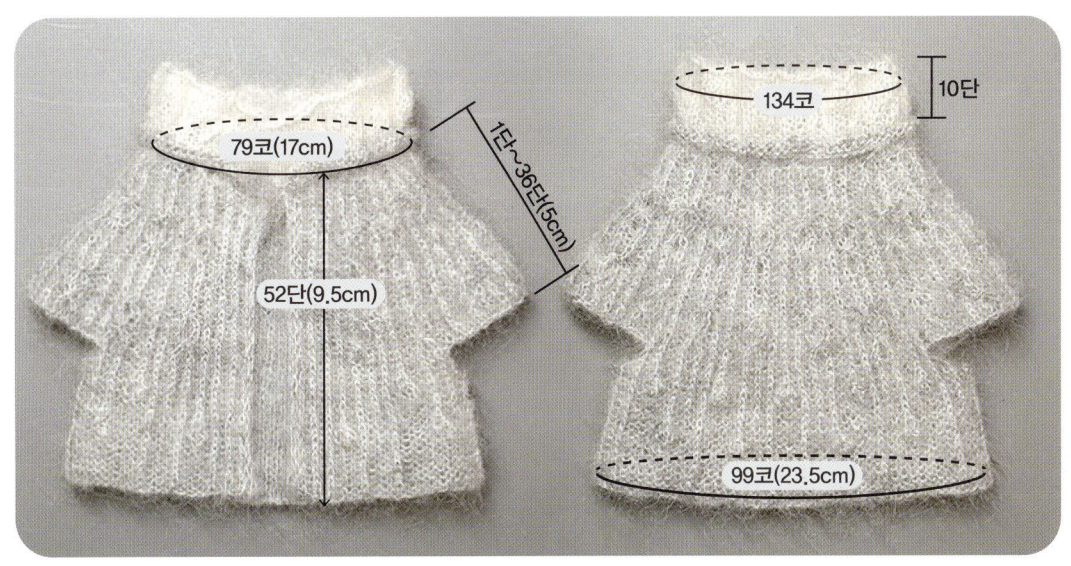

프릴뜨기

1 1.75mm 바늘로 134코 만들기(앙고라 2합은 2mm 바늘 사용) [사진 1]

2 (안) 걸2, p1, k2, (p7, k2)×14, p2, 돌

※ 걸러뜨기는 안면, 겉면 모두 안뜨기 방향으로 바늘을 넣어 걸러준다.

3 (겉) 걸2, k1, p2, (k7, p2)×14, k3

4 걸2, p1, k2, (p7, k2)×14, p2, 돌

5, 6 3, 4단과 동일하게 뜬다.

7 걸2, k1, p2, (오모, k3, 왼모, p2)×14, k3 (106)

8 걸2, p1, k2, (p5, k2)×14, p2, 돌

9 걸2, k1, p2, (오모, k1, 왼모, p2)×14, k3 (78)

10 걸2, p1, kfb, k1, (p3, k2)×14, p2, 돌 (79)

※ 카디건과 콧수를 맞추기 위해 한코를 늘려준다(kfb). 코마무리를 하지 않고 10cm 여유실을 두고 잘라준다.

몸판뜨기

1 79코 잡기

2 (안) 모두 안뜨기

3 (겉) 모두 겉뜨기

4 모두 안뜨기

5 (겉) 미리 떠둔 프릴을 편물 아래에 두고, 프릴 겉과 톱다운 안쪽을 맞대게 두고, 각각 한코씩 모아뜨기 [사진 1], [사진 2]

6 걸2, 돌, (k1, 돌)×2, 7코 앞까지 안뜨기, (돌, k1)×2, 돌, p1, 돌

※ 안면에서 안뜨기 방향, 겉면에서 겉뜨기 방향으로 돌려뜨기한다.

[사진 1]

[사진 2]

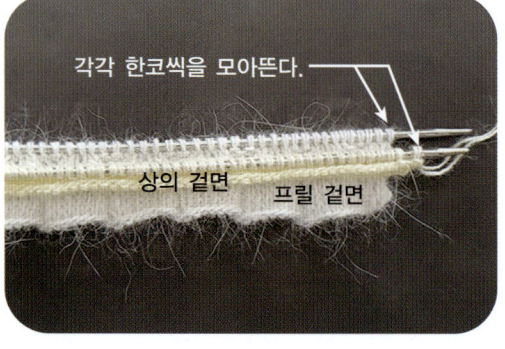

미리 떠둔 프릴의 겉면이 위로 오게 해서 아래에 두고 4단까지 뜬 탑다운 안쪽면과 프릴 겉면을 맞대게 두고, 두 바늘에 걸린 코를 한코씩 두고 모아뜨기해서 79코를 만들어준다.

7 걸2, (돌, p1)×2, 돌, 바비, 왼모, (k5, 바비, 왼모)×9, (돌, p1)×2, 돌, k2

8 걸2, 돌, (k1, 돌)×2, k1, 8코 앞까지 안뜨기, k1, (돌, k1)×2, 돌, p1, 돌

[차트 1]

9 (겉) 걸2, (돌, p1)×3, (매듭뜨기, p1을 7코 앞까지 반복), (돌, p1)×2, 돌, k2

10 걸2, 돌, (k1, 돌)×2, (k1, p1, 돌(겉뜨기 방향), p1을 8코 앞까지 반복), k1, (돌, k1)×2, 돌, p1, 돌

11 걸2, (돌, p1)×3, (돌, p1, 돌, pfb를 11코 앞까지 반복), (돌, p1)×4, 돌, k2 (94)

12 걸2, (돌 ,k1)×3, (돌, k1, 돌, k2를 11코 앞까지 반복), (돌, k1)×4, 돌, p1, 돌

13 걸2, (돌, p1)×3, (돌, p1, 돌, p2를 11코 앞까지 반복), (돌, p1)×4, 돌, k2

14 걸2, (돌, k1)×3, (돌, k1, 돌, k2를 11코 앞까지 반복), (돌, k1)×4, 돌, p1, 돌

15 걸2, (돌, p1)×2, 돌, pfb, (돌, p1, 돌, p1, pfb를 11코 앞까지 반복), 돌, p1, 돌, pfb, (돌, p1)×2, 돌, k2 (111)

16 걸2, (돌, k1)×3, k1, (돌, k1, 돌, k3를 12코 앞까지 반복), 돌, k1, 돌, k2, (돌, k1)×2, 돌, p1, 돌

17 걸2, (돌, p1)×3, p1, (매듭뜨기, p1, 돌, p1을 12코 앞까지 반복), 매듭뜨기, p2, (돌, p1)×2, 돌, k2

18 걸2, (돌, k1)×3, k1, (p3, k1, 돌, k1를 12코 앞까지 반복), p3, k2, (돌, k1)×2, 돌, p1, 돌

19 걸2, (돌, p1)×3, p1, (k3, pfb, 돌, p1을 12코 앞까지 반복), k3, p2, (돌, p1)×2, 돌, k2 (126)

20 걸2, (돌, k1)×3, k1, (p3, k1, 돌, k2를 12코 앞까지 반복), p3, k2, (돌, k1)×2, 돌, p1, 돌

21 걸2, (돌, p1)×3, p1, (매듭뜨기, p2, 돌, p1을 12코 앞까지 반복), 매듭뜨기, p2, (돌, p1)×2, 돌, k2

앙고라 2합으로 떴을 때

22 걸2, (돌, k1)×3, k1, (p3, k1, 돌, k2를 12코 앞까지 반복), p3, k2, (돌, k1)×2, 돌, p1, 돌

23 걸2, (돌, p1)×2, 돌, pfb, p1, (돌, p1, 돌, p2, 돌, pfb를 12코 앞까지 반복), 돌, p1, 돌, p1, pfb, (돌, p1)×2, 돌, k2 (143)

24 걸2, (돌, k1)×3, k2, (돌, k1, 돌, k2, 돌, k2를 13코 앞까지 반복), (돌, k1)×2, k2, (돌, k1)×2, 돌, p1, 돌

25 걸2, (돌, p1)×4, (돌, p1, 돌, p2, 돌, p2를 13코 앞까지 반복), (돌, p1)×5, 돌, k2

26 걸2, (돌, k1)×4, (돌, k1, 돌, k2, 돌, k2를 13코 앞까지 반복), (돌, k1)×5, 돌, p1, 돌

27 걸2, (돌, p1)×4, (돌 ,p1, 돌, p2, 돌, p2를 13코 앞까지 반복), (돌, p1)×5, 돌, k2

28 걸2, (돌, k1)×4, (돌, k1, 돌, k2, 돌, k2를 13코 앞까지 반복), (돌, k1)×5, 돌, p1, 돌

29 걸2, (돌, p1)×4, (매듭뜨기, pfb, p1, 돌, p2)×7, 매듭뜨기, pfb, p1, 돌, p1, pfb, (매듭뜨기, p2, 돌, p1, pfb)×7, 매듭뜨기, (p1, 돌)×4, k2 (159)

30 걸2, (돌, k1)×4, (p3, k3, 돌, k2)×7, p3, k3, 돌, k3, (p3, k2, 돌, k3)×7, p3, (k1, 돌)×4, p1, 돌

31 걸2, (돌, p1)×4, {k3, (p1, 돌)×2, p2}×7, k3, p1, 돌, p1, 돌, p1, 돌, p1, {k3, p2, (돌, p1)× 2}×7, k3, (p1, 돌)×4, k2

32 걸2, (돌, k1)×4, {p3, (k1, 돌)×2, k2}×7, p3, k1, 돌, k1, 돌, k1, 돌, k1, {p3, k2, (돌, k1)× 2}×7, p3, (k1, 돌)×4, p1, 돌

33 걸2, (돌, p1)×4, {매듭뜨기, (p1, 돌)×2, p2}× 7, 매듭뜨기, p1, 돌, p1, 돌, p1, 돌, p1, {매듭 뜨기, p2, (돌, p1)×2}×7, 매듭뜨기, (p1, 돌)× 4, k2

34 걸2, (돌, k1)×4, {p3, (k1, 돌)×2, k2}×7, p3, k1, 돌, k1, 돌, k1, 돌, k1, {p3, k2, (돌, k1)× 2}×7, p3, (k1, 돌)×4, p1, 돌

[차트 1]

: 7회 반복

: 7회 반복

* | : 겉뜨기　　* ─ : 안뜨기　　* ○ : 바늘비우기　　* V : 걸러뜨기　　* Ω : 돌려뜨기　　* ︶○︶ : 매듭뜨기

35 걸2, (돌, p1)×8, p1, (돌, p1)×2 / 코막음36 / (돌, p1)×2, p1, (돌, p1)×4, p1, (돌, p1)×7, p1, (돌, p1)×4, (p1, 돌)×2, / 코막음36 / p1, (돌, p1)×2 ,p1, (돌, p1)×7, 돌, k2 [사진 3]

36 걸2, 돌, (k1, 돌)×7, k1, (k1, 돌)×2, k1 / 감6 / (돌, k1)×2, (k1, 돌)×4, k1, (k1, 돌)×7, k1, (k1, 돌)×4, k1, (k1, 돌)×2, / 감6 / (k1, 돌)×2, k1, (k1, 돌)×8, p1, 돌 (99) [사진 4]

[사진 3]

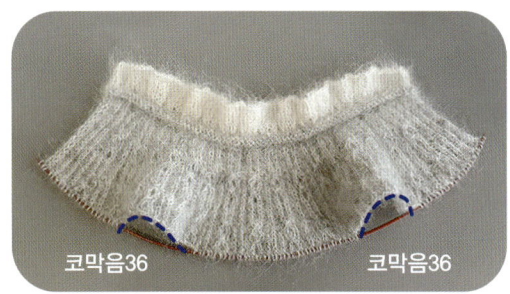

35단

케이프 슬리브 탑다운 감아코

[사진 4]

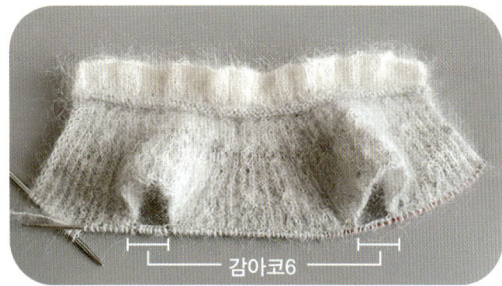

36단

37 걸2, (돌, p1)×8, p1, (돌, p1)×2 / p6 / (돌, p1)×2, p1, (돌, p1)×4, p1, (돌, p1)×7, p1, (돌, p1)×4, (p1, 돌)×2 / p6 / p1, (돌, p1)×2, p1, (돌, p1)×7, 돌, k2

38 걸2, 돌, (k1, 돌)×7, k1, (k1, 돌)×5, k1, (돌, k1)×2, (k1, 돌)×4, k1, (k1, 돌)×7, k1, (k1, 돌)×4, k1, (k1, 돌)×7,k1, (k1, 돌)×8, p1, 돌

39 걸2, (돌, p1)×7, 구슬뜨기, p2, (돌, p1)×6, 구슬뜨기, p2, (돌, p1)×3, 구슬뜨기, p2, (돌, p1)×3, 구슬뜨기, (p1, 돌)×3, p2, 구슬뜨기, (p1, 돌)×3, p2, 구슬뜨기, (p1, 돌)×6, p2, 구슬뜨기, (p1, 돌)×7, k2

구슬뜨기

40 걸2, 돌, (k1, 돌)×6, k4, (돌, k1)×6, k3, (돌, k1)×3, k3, (돌, k1)×3, k2, {(돌, k1)×3, k3}×2, (돌, k1)×6, k3, (돌, k1)×6, 돌, p1, 돌

41 걸2, (돌, p1)×7, p3, (돌, p1)×6, p3, (돌, p1)×3, p3, (돌, p1)×3, p1, {(p1, 돌)×3, p3}×2, (p1, 돌)×6, p3, (p1, 돌)×7, k2

42 걸2, 돌, (k1, 돌)×6, k4, (돌, k1)×6, k3, (돌, k1)×3, k3, (돌, k1)×3, k2, {(돌, k1)×3, k3}×2, (돌, k1)×6, k3, (돌, k1)×6, 돌, p1, 돌

43 걸2, (돌, p1)×5, p2, 돌, p4, (돌, p3)×2, 돌,p1, (돌, p4, 돌, p3)×2, (돌, p3)×2, (돌, p4, 돌, p3)×2, 돌, p1, 돌, p3, 돌, p4, 돌, p3, (돌, p1)×4, 돌, k2

44 걸2, 돌, (k1, 돌)×4, k3, 돌, k4, 돌, k3, 돌, k1, 돌, (k3, 돌, k4, 돌)×2, (k3, 돌)×2, (k3, 돌, k4, 돌)×2, k1, 돌, (k3, 돌)×2, k4, 돌, k2, (k1, 돌)×5, p1, 돌

45 걸2, (돌, p1)×3, 구슬뜨기, p1, 돌, p3, 돌, p4, 구슬뜨기, (p3, 돌)×2, p1, 돌, (p4, 구슬뜨기, p3, 돌)×2, p3, 돌, p3, (구슬뜨기, p4, 돌, p3)×2, 돌, p1, 돌, p3, 구슬, 뜨기, p4, 돌, p3, 돌, p1, 구슬뜨기, (p1, 돌)×3, k2

46 걸2, (돌, k1)×3, k2, 돌, k3, 돌, k8, 돌, k1, 돌, k3, (돌, k8)×2, 돌, k3, (돌, k8)×2, 돌, k1, (돌, k3)×2, k5, 돌, k3, 돌, k2, (k1, 돌)×3, p1, 돌

47 걸2, (돌, p1)×3, p2, 돌, p3, 돌, p5, (p3, 돌)×2, p1, 돌, (p8 ,돌)×2, p3, 돌, p3, (p5, 돌, p3)×2, 돌, p1, 돌, p8, 돌, p3, 돌, p2, (p1, 돌)×3, k2

48 걸2, (돌, k1)×3, k2, 돌, k3, 돌, k8, 돌, k1, 돌, k3, (돌, k8)×2, 돌, k3, (돌, k8)×2, 돌, k1, (돌, k3)×2, k5, 돌, k3, 돌, k2, (k1, 돌)×3, p1, 돌

49~52 47, 48을 반복한다.

53 덮어씌워 코막음
(겉뜨기는 겉뜨기 방향, 안뜨기는 안뜨기 방향, 돌려뜨기는 겉뜨기 방향으로 덮어씌워 준다.)

[끈 만들기]

※ 이중사슬뜨기나 아이코드로 끈을 만들어 목둘레 구멍 부분에 넣어준다.

이중사슬뜨기   아이코드

↓ ↑

35　　　40　　　45　　　50

36코 코막음
감아코6

* ㅣ : 걸뜨기　* ㅡ : 안뜨기　* ● : 구슬뜨기　* ∨ : 걸러뜨기　* Ⴍ : 돌려뜨기

52
55
60
65
70
75
80
85
90
95
99

36코 코막음

겹아코6

* I : 겉뜨기　* — : 안뜨기　* ● : 구슬뜨기　* V : 걸러뜨기　* Ω : 돌려뜨기

비침무늬 민소매 니트 & 팬츠

⊗ 사용실
　앙고라 2합, 어울림 2합, 램스울 3합

⊗ 바늘
　2mm 줄바늘, 장갑바늘

⊗ 게이지
　메리야스뜨기
　앙고라 2합(2mm) : 4.3코×6단(1cm×1cm)
　어울림 2합(2mm) : 4.2코×5.6단(1cm×1cm)
　램스울 3합(2mm) : 4코×5.8단(1cm×1cm)

k(겉뜨기) 중3모(중심3코 모아뜨기) 왼모(왼코 모아뜨기, k2tog)
p(안뜨기) m1r(오른코 늘리기) 오모(오른코 모아뜨기, ssk)
G(가터뜨기) m1l(왼코 늘리기) kfb(겉뜨기코 늘리기)
감(감아코) 바비(바늘비우기, yo)

겉(안)뜨기

가터뜨기

바비

m1r, m1l

kfb

중3모

감아코

왼모, 오모

 **뜨는 순서**

★ **팬츠는 위 → 아래로 뜬다.**

① 코를 잡아 32단까지 뜬다.

② 33단부터 오른쪽, 왼쪽 다리를 각각 나눠 뜬다.

③ 다리통과 중간 부분을 연결한다.

★ **민소매 니트는 아래 → 위로 뜬다.**

① 코잡아 17단까지 뜬다.

② 18단부터는 앞면만 뜬다.

③ 앞면 왼쪽, 오른쪽 가슴 부분을 나눠 뜬다.

④ 어깨끈을 만든다.

뒷중심 여밈 부분
3코 코막음

뒷중심 여밈 부분
3코 코막음

59코(16cm)

감아코 3코

60코(15cm)

35단(5cm)

감아코 3코

감아코 3코

팬츠

1 59코 만들기(허리 부분 배색 시 1~4단까지)

2 (안) 걸2, p2, 4코 앞까지 G, p4

3 (겉) 걸2, k2, 왼모, 바비를 5코 앞까지 반복, k1, k1, 바비, 왼모, k1 [차트 1]

4 걸2, p2, 4코까지 앞까지 G, p4

5 걸2, k2, k1, kfb, k22, kfb, k1, kfb, k22, kfb, k1, k4 (63)

6 걸2, p2, 마지막 코까지 p

7 걸2, k2, k1, kfb, k24, kfb, k1, kfb, k24, kfb, k1, k4 (67)

8 걸2, p2, 4코 앞까지 G, p4

9 걸2, k2, kfb, (p1, k2)×9, kfb, k1, kfb, (k2, p1)×9, kfb, k4 (71)

10 걸2, p2, p1, (k1, p2)×10, p1, k1, (p2, k1)×10, p4

[차트 1] 팬츠 무늬뜨기

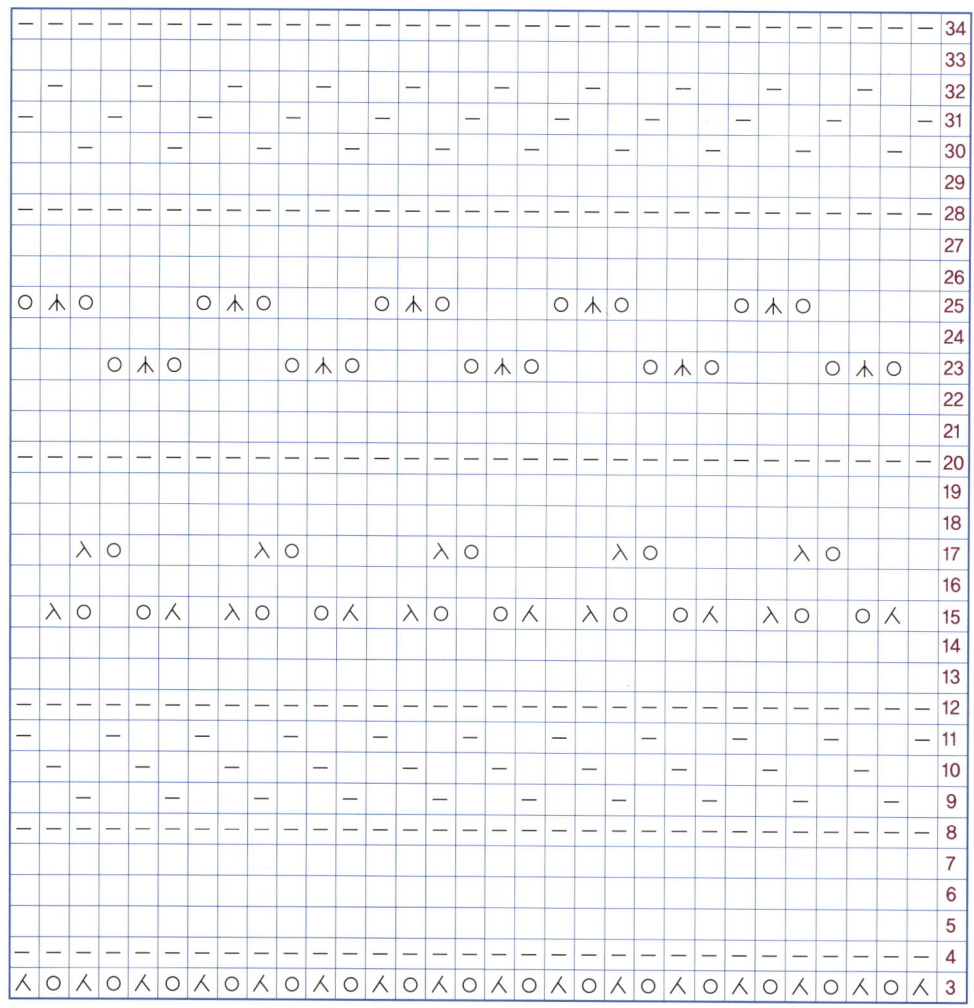

*□ : 겉뜨기 * − : 안뜨기 *○ : 바늘비우기 *⅄ : 중심3코모아뜨기 *✗ : 왼코모아뜨기 *ʎ : 오른코모아뜨기

11 걸2, k2, kfb, (p1, k2)×9, p1, k1, kfb, k1, kfb, (k2, p1)×9, k2, kfb, k4 (75)

12 걸2, p2, 4코 앞까지 G, p4

13 걸2, k2, k1, kfb, k30, kfb, k1, kfb, k30, kfb, k1, k1, 바비, 왼모, k1 (79)

14 걸2, p2, 마지막 코까지 p

15 걸2, k2, k1, kfb, 바비, 오모, k1, (왼모, 바비, k1, 바비, 오모, k1)×4, 왼모, 바비, k1, 바비, 오모, kfb, k1, kfb, 왼모, 바비, k1, 바비, 오모, (k1, 왼모, 바비, k1, 바비, 오모)×4, k1, 왼모, 바비, kfb, k1, k4 (83)

16 걸2, p2, 마지막 코까지 p

17 걸2, k2, k1, kfb, 바비, 오모, (k4, 바비, 오모)×5, k2, kfb, k1, kfb, k3, 바비, 오모, (k4, 바비, 오모)×5, kfb, k4 (87)

18 걸2, p2, 마지막 코까지 p

19 걸2, k2, k1, kfb, k36, kfb, k1, kfb, k36, kfb, k1, k4 (91)

20 (안) 3코 코막음(뒷중심 여밈 부분)하고, 4코 앞까지 가터뜨기, 나머지 4코는 p4 [사진 1], [사진 2] (88)

21 3코 코막음(뒷중심 여밈 부분)하고, k2, kfb, k38, kfb, k1, kfb, k38, kfb, k2 (89)

22 모두 안뜨기

23 k2, kfb, (바비, 중3모, 바비, k3)×6, yo, 중3모, yo, k1, kfb, k1, kfb, (바비, 중3모, 바비, k3)×6, 바비, 중3모, 바비, k1, kfb, k2 (93)

24 모두 안뜨기

25 k1, kfb, 바비, 왼모, (k3, 바비, 중3모, 바비)×6, k3, 비비, 왼모, kfb, k1, kfb, k1, (k3, 바비, 중3모, 바비)×7, kfb, k1 (97)

26 모두 안뜨기

27 k2, kfb, k44, kfb, k1, kfb, k44, kfb, k2 (101)

28 p1, 마지막 1코 앞까지 가터뜨기, 나머지 1코는 p1

29 k2, kfb, k46, kfb, k1, kfb, k46, kfb, k2 (105)

30 p2, (k1, p2)×16, k1, p1, p1, (k1, p2)×17, p1

31 k1, kfb, (p1, k2)×16, p1, kfb, k1, kfb, (k2, p1)×16, k1, kfb, k1 (109)

32 p2, (k1, p2)×17, k1, p1, (k1, p2)×18

※ 33단부터는 오른쪽, 왼쪽 다리 부분을 나눠서 각각 뜬다.

[사진 1]

[사진 2]

오른쪽 다리

33 [오른쪽] 감아코3, 감아코부터 시작해서 k56, 왼모 (57) [사진 3]
여기까지 뜨고 편물을 돌려 안쪽면을 뜬다.

34 감아코3, 감아코부터 시작해서 p2, G56, p2 (60) [사진 4]

35 덮어씌워 코막음하고 마무리 하기 위해 20cm가량 실을 남기고 잘라준다. [사진 5]

왼쪽 다리

33 실을 가져와 감아코3, 감아코부터 시작해서 k57 (57)

34 감아코3, 감아코부터 시작해서 p2, G56, p2 (60)

35 덮어씌워 코막음하고 마무리하기 위해 20cm가량 실을 남기고 잘라준다.

[사진 3]

33단(겉면)

[사진 4]

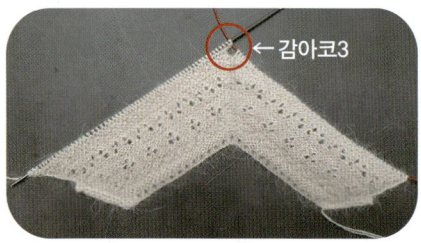

34단(안면)

[사진 5]

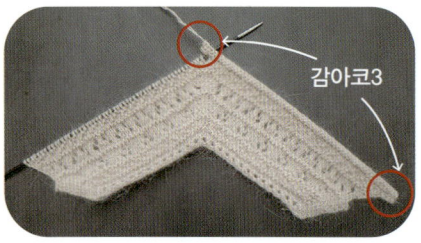

35단

① 바지통 부분을 겉과 겉끼리 맞대게 두고 감침질하거나 겉면에서 세로잇기 해준다.

② 뒤 중심 연결은 겉면에서 가로, 세로잇기를 하거나 안쪽면에서 여밈 부분의 아랫부분까지 감침질한다.

③ 안쪽면에서 감침질한 경우 바깥쪽의 여밈 부분도 감침질한다. 겉면쪽에서 가로, 세로잇기를 한 경우 안쪽면에서 여밈 부분을 감침질한다.

가로잇기　　　세로잇기

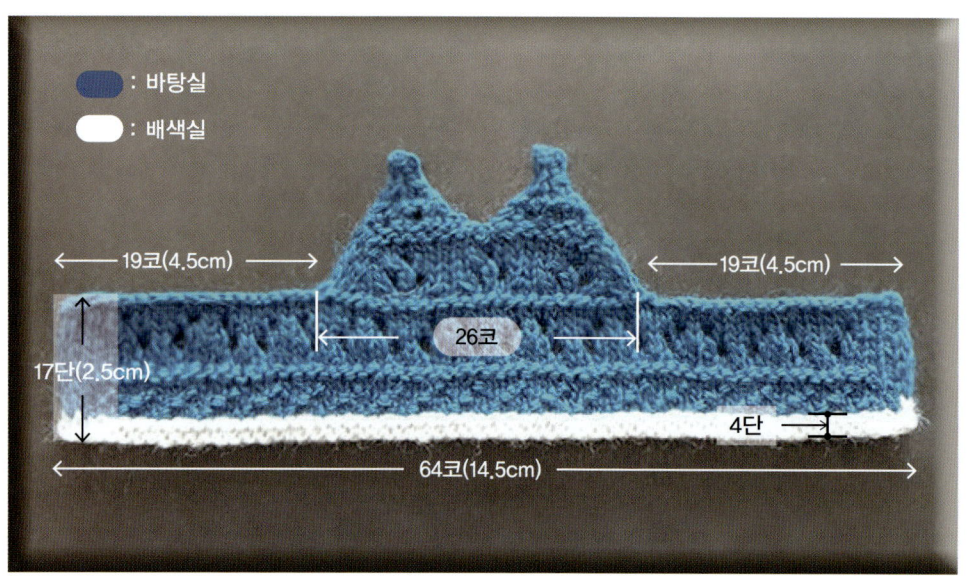

[차트 2] 상의 무늬뜨기

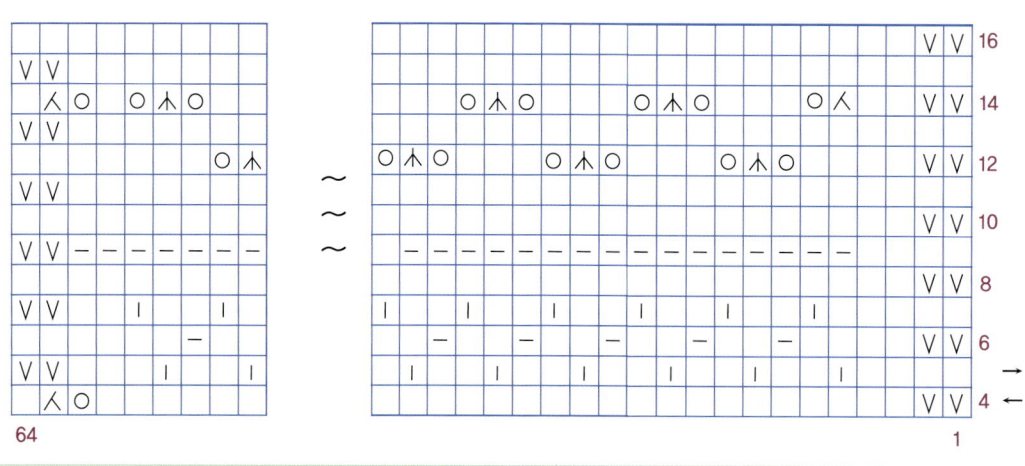

* □ : 겉뜨기 　* — : 안뜨기 　* ∨ : 걸러뜨기 　* ○ : 바늘비우기 　* ⋏ : 중심3코모아뜨기 　* ⟋ : 왼코모아뜨기

1   [배색실] 64코 만들기

2   (겉) 걸2, k2, 4코 앞까지 가터뜨기, k4

3   (안) 걸2, p2, 4코 앞까지 가터뜨기, p4

4   [바탕실] 걸2, k2, 4코 앞까지 겉뜨기, k1, 바비, 왼모, k1

5   걸2, p3, (k1, p2)×18, k1, p4

6   걸2, k2, (k2, p1)×18, k2, k4

7   걸2, p2, (k1, p2)×18, k1, p1, p4

8   걸2, 마지막 코까지 가터뜨기

9   걸2, p2, 4코 앞까지 가터뜨기, p4

10   걸2, 마지막 코까지 겉뜨기

11   걸2, 마지막 코까지 안뜨기

12   걸2, k4, (바비, 중3모, 바비, k3)×9, k4

13   걸2, 마지막 코까지 안뜨기

14   걸2, k2, 왼모, 바비, (k3, 바비, 중3모, 바비)×9, k1, 바비, 왼모, k1

15   걸2, 마지막 코까지 안뜨기

16   걸2, 마지막 코까지 겉뜨기

17   (안) 덮어씌워 코막음 19회, 가터뜨기 26회, 좌에서 우 코막음 19회 [사진 6], [사진 7]

17단 좌에서 우 코막음

※ 18단부터는 앞부분만 뜨게 된다.

18   (겉) 걸2, k24

19   (안) 걸2, p24

20   걸2, 오모, (왼모, 바비, k1, 바비, 오모, k1)×3, 왼모, k2 (24)

21   걸2, p22

22   걸2, 오모, k1, (바비, 오모, k4)×2, 바비, 오모, k1, 왼모, k2 (22)

23   걸2, p20

24   걸2, 오모, k14, 왼모, k2 (20)

25   걸2, G16, p2

※ 26단부터는 오른쪽, 왼쪽 가슴 부분은 나누어 각각 뜬다.

[사진 6]

[사진 7]

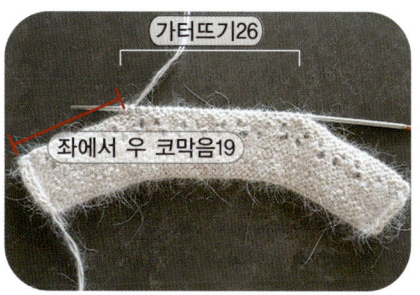

왼쪽 가슴

26   [왼쪽 가슴 부분] 오모, k6, 왼모 (8) [사진 8]
      더이상 뜨지 않고 편물을 돌려 안쪽면을 뜬다.

27   걸1, G6, p1

28   오모, (왼모, 바비)×2, 왼모 (6)

29   걸1, G4, p1

30   오모, k2, 왼모 (4)

31   걸1, p3

32   오모, 왼모 (2)

33   p2

34   코막음

오른쪽 가슴

실을 연결해 왼쪽 가슴 부분과 동일하게 뜬다.

26   [오른쪽 가슴 부분] 오모, k6, 왼모 (8) [사진 9]
      더이상 뜨지 않고 편물을 돌려 안쪽면을 뜬다.

27   걸1, G6, p1

28   오모, (왼모, 바비)×2, 왼모 (6)

29   걸1, G4, p1

30   오모, k2, 왼모 (4)

31   걸1, p3

32   오모, 왼모 (2)

33   p2

34   코막음

[사진 8]

왼쪽 가슴 부분

[사진 9]

오른쪽 가슴 부분

150cm 실을 가지고 앞면 끝부분에 레이스용 코바늘
(1mm)을 넣어 이중사슬뜨기(12~15cm)한다.

[사진 10]

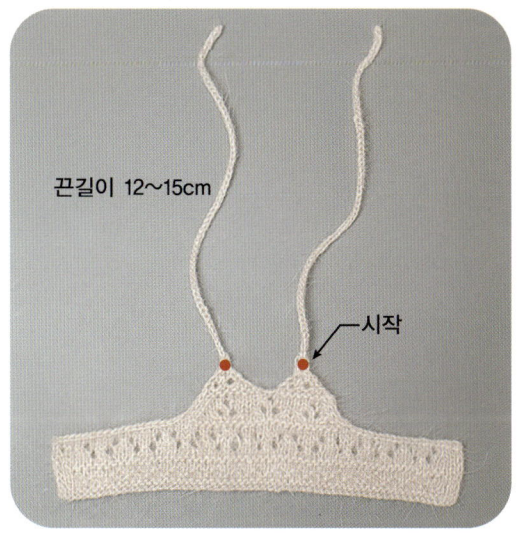

끈길이 12~15cm

시작

이중사슬 끈 만들기

램스울 3합   앙고라 2합   어울림 2합

비침무늬 홀터넥 드레스

⊗ **사용실**
SANDES GARN TYNN SILK MOHAIR 1합
앙고라 2합, 램스울 2합

⊗ **바늘**
2mm 줄바늘, 장갑바늘
1.75mm 줄바늘, 장갑바늘

⊗ **단추** 5mm

⊗ **게이지**
메리야스뜨기
앙고라 2합(2mm) : 4.3코×6단(1cm×1cm)
모헤어 1합(2mm) : 3.9코×5.2단(1cm×1cm)
모헤어 1합(1.75mm) : 4.6코×6.5단(1cm×1cm)
램스울 2합(1.75mm) : 4.6코×7단(1cm×1cm)

k(겉뜨기)	걸(걸러뜨기, sl)	왼모(왼코 모아뜨기, k2tog)
p(안뜨기)	중3모(중심3코 모아뜨기)	오모(오른코 모아뜨기, ssk)
G(가터뜨기)	바비(바늘비우기, yo)	감(감아코)

겉(안)뜨기

걸러뜨기

가터뜨기

바비

중3모

감아코

왼모, 오모

 **뜨는 순서**

★ 스커트 부분과 상의 부분을 각각 따로 떠서 연결한다.

① 스커트 부분을 뜬다. (아래 → 위)

② 상의 부분을 뜬다. (위 → 아래)

③ 스커트와 상의를 연결한다.

④ 어깨끈을 만든다.

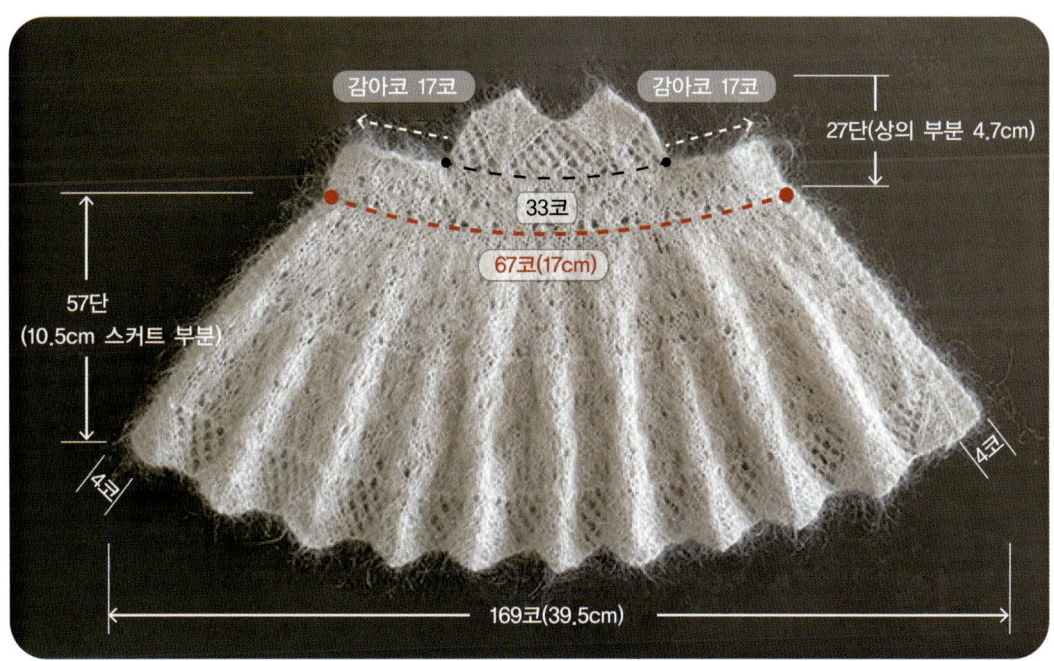

1 [2mm 바늘] 169코 만들기 [차트 1]

2 (겉) G4, 오모, {(p2, k1)×2, (바비, k1)×2, p2, k1, p2, 중3모}×9, (p2, k1)×2, (바비, k1)×2, p2, k1, p2, 왼모, G4

3 (안) G4, 4코 앞까지 안뜨기, G4

4 G4, 오모, {p1, k1, p2, (k1, 바비)×2, 왼모, 바비, k1, p2, k1, p1, 중3모}×9, p1, k1, p2, (k1, 바비)×2, 왼모, 바비, k1, p2, k1, p1, 왼모, G4

5 G4, 4코 앞까지 안뜨기, G4

6 G4, 오모, {k1, p2, (k1, 바비)×2, (왼모, 바비)×2, k1, p2, k1, 중3모}×9, k1, p2, (k1, 바비)×2, (왼모, 바비)×2, k1, p2, k1, 왼모, G4

7 G4, 4코 앞까지 안뜨기, G4

8 G4, 오모, {p2, (k1, 바비)×2, (왼모, 바비)×3, k1, p2, 중3모}×9, p2, (k1, 바비)×2, (왼모, 바비)×3, k1, p2, 왼모, G4

9 G4, 4코 앞까지 안뜨기, G4

10 G4, 오모, {p1, (k1, 바비)×2, (왼모, 바비)×4, k1, p1, 중3모}×9, p1, (k1, 바비)×2, (왼모, 바비)×4, k1, p1, 왼모, G4

11 G4, 4코 앞까지 안뜨기, G4

12 k2, 바비, 왼모, 오모, {(k1, 바비)×2, (왼모, 바비)×5, k1, 중3모}×9, (k1, 바비)×2, (왼모, 바비)×5, k1, 왼모, G4

13 모두 가터뜨기

14, 15 G4, 4코 앞까지 메리야스뜨기, G4 [차트 2]

[차트 1]

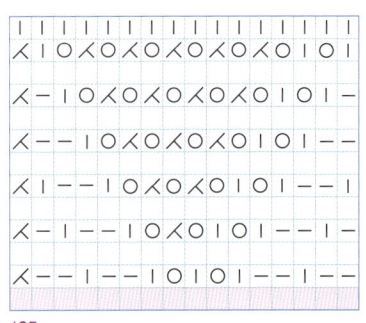

165

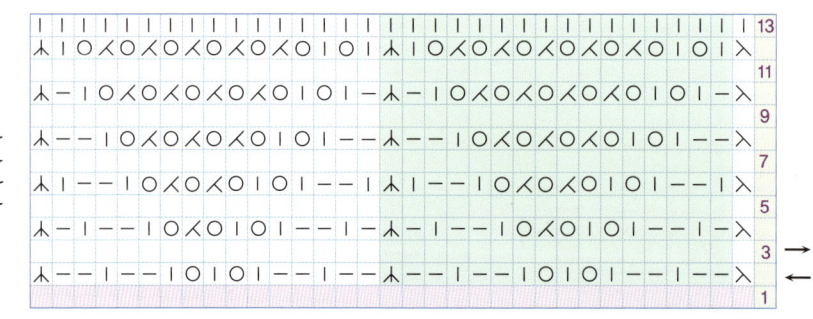

5

* I, □ : 겉뜨기 * − : 안뜨기 * ⋏ : 중심3코모아뜨기 * ✓ : 왼코모아뜨기 * ⟍ : 오른코모아뜨기

16	G4, k1, 바비, k1, {중3모, (k1, 바비)×2, k1}× 26, 왼모, k1, G4
17	G4, 4코 앞까지 안뜨기, G4
18, 19	G4, 4코 앞까지 메리야스뜨기, G4
20	G4, 오모, {(k1, 바비)×2, k1, 중3모}×26, k1, 바비, k2, G4
21	G4, 4코 앞까지 안뜨기, G4
22	k2, 바비, 왼모, 4코 앞까지 겉뜨기, G4
23	G4, 4코 앞까지 안뜨기, G4

24~29	16~21과 같이 동일하게 뜬다.

※ 하프 드레스로 뜰 경우 25단까지 동일하게 뜨고 26단부터 하프 스커트를 참고해서 뜬다.

30	G4, k1, (중3모, k3)×26, 중3모, k1, G4 (115)
31	모두 가터뜨기
32	k2, 바비, 왼모, 4코 앞까지 겉뜨기, G4
33	G4, 4코 앞까지 안뜨기, G4

34 G4, k1, 바비, k1, {중3모, (k1, 바비)×2, k1}×17, 왼모, k1, G4 [차트 2]

35 G4, 4코 앞까지 안뜨기, G4

36, 37 G4, 4코 앞까지 메리야스뜨기, G4

38 G4, 오모, {(k1, 바비)×2, k1,중3모}×17, k1, 바비, k2, G4

39 G4, 4코 앞까지 안뜨기, G4

40, 41 G4, 4코 앞까지 메리야스뜨기, G4

42 k2, 바비, 왼모, k1, 바비, k1, {중3모, (k1, 바비)×2, k1}×17, 왼모, k1, G4

43 G4, 4코 앞까지 안뜨기, G4

44, 45 G4, 4코 앞까지 메리야스뜨기, G4

46 G4, 오모, {(k1, 바비)×2, k1, 중3모}×17, k1, 바비, k2, G4

47 G4, 4코 앞까지 안뜨기, G4

48, 49 G4, 4코 앞까지 메리야스뜨기, G4

50 G4, k1, 바비, k1, {중3모, (k1, 바비)×2, k1}×17, 왼모, k1, G4

51 G4, 4코 앞까지 안뜨기, G4

52 k2, 바비, 왼모, 4코 앞까지 겉뜨기, G4

53 G4, 4코 앞까지 안뜨기, G4

54 G4, 오모, {(k1, 바비)×2, k1, 중3모}×17, k1, 바비, k2, G4

55 G4, 4코 앞까지 안뜨기, G4

56 G4, k1, (중3모, k1, 중3모, k2)×11, 중3모, k1, 중3모, G4 (67)

57 G4, 4코 앞까지 안뜨기, G4

※ 코마무리를 하지 않은 채 10cm 이상 여유실을 두고 잘라준다.

[차트 2]

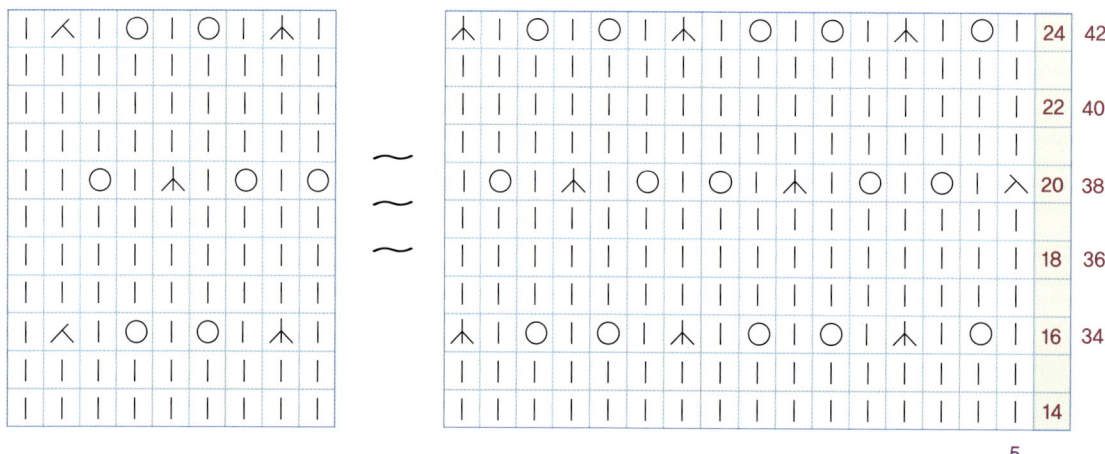

* | : 겉뜨기   * ○ : 바늘비우기   * 人 : 중심3코모아뜨기   * ㅅ : 오른코모아뜨기   * ㅅ : 왼코모아뜨기

26 　G4, k1, (중3모, k3)×26, 중3모, k1, G4 (115)

27 　모두 가터뜨기

28, 29 　G4, 4코 앞까지 메리야스뜨기, G4

30 　G4, k1, 바비, k1, {중3모, (k1, 바비)×2, k1}× 17, 왼모, k1, G4

31 　G4, 4코 앞까지 안뜨기, G4

32 　k2, 바비, 왼모, 4코 앞까지 겉뜨기, G4

33 　G4, 4코 앞까지 안뜨기, G4

34 　G4, 오모, {(k1, 바비)×2, k1, 중3모}×17, k1, 바비, k2, G4

35 　G4, 4코 앞까지 안뜨기, G4

36, 37 　G4, 4코 앞까지 메리야스뜨기, G4

38 　G4, k1, 바비, k1, {중3모, (k1, 바비)×2, k1}× 17, 왼모, k1, G4

39 　G4, 4코 앞까지 안뜨기 G4

40, 41 　G4, 4코 앞까지 메리야스뜨기, G4

42 　k2, 바비, 왼모, 오모, {(k1, 바비)×2, k1, 중3모} ×17, k1, 바비, k2, G4

43 　G4, 4코 앞까지 안뜨기, G4

44, 45 　G4, 4코 앞까지 메리야스뜨기, G4

46 　G4, k1, (중3모, k1, 중3모, k2)×11, 중3모, k1, 중3모, G4 (67)

47 　G4, 4코 앞까지 안뜨기, G4

※ 코마무리를 하지 않은 상태로 10cm 이상 여유실을 두고 잘라준다.

램스울 2합 사용

앙고라 2합 사용

상의 부분

※ **상의 부분은 1.75mm 바늘로 뜬다.**

1 33코 만들기 [차트 3]

2 (겉) 걸1, 바비, (k1, p2)×2, 중3모, (p2, k1)×2, (바비, k1)×2, p2, k1, p2, 중3모, (p2, k1)×2, 바비, k1
걸러뜨기는 겉면, 안면 모두 안뜨기 방향으로 걸러준다.

3 걸1, 마지막 코까지 안뜨기

4 걸1, k1, 바비, k1, p2, k1, p1, 중3모, p1, k1, p2, (k1, 바비)×2, 왼모, 바비, k1, p2, k1, p1, 중3모, p1, k1, p2, k1, 바비, k2

5 걸1, 마지막 코까지 안뜨기

6 걸1, 바비, 왼모, 바비, k1, p2, k1, 중3모, k1, p2, (k1, 바비)×2, (왼모, 바비)×2, k1, p2, k1, 중3모, k1, p2, k1, 바비, k3

7 걸1, 마지막 코까지 안뜨기

8 걸1, k1, 바비, 왼모, 바비, k1, p2, 중3모, p2, (k1, 바비)×2, (왼모, 바비)×3, k1, p2, 중3모, p2, (k1, 바비)×2, 왼모, k1

9 걸1, 마지막 코까지 안뜨기

10 걸1, 바비, (왼모, 바비)×2, k1, p1, 중3모, p1, (k1, 바비)×2, (왼모, 바비)×4, k1, p1, 중3모, p1, (k1, 바비)×2, 왼모, k2

11 걸1, 마지막 코까지 안뜨기

12 걸1, k1, 바비, (왼모, 바비)×2, k1, 중3모, (k1, 바비)×2, (왼모, 바비)×5, k1, 중3모, (k1, 바비)×2, 왼모, 바비, 왼모, k1

13 감아코 17코를 만들고 감아코부터 시작해서 G17, 마지막 코까지 안뜨기 (50)

감아코로 뒷면 만들기(13, 14단)

[차트 3]

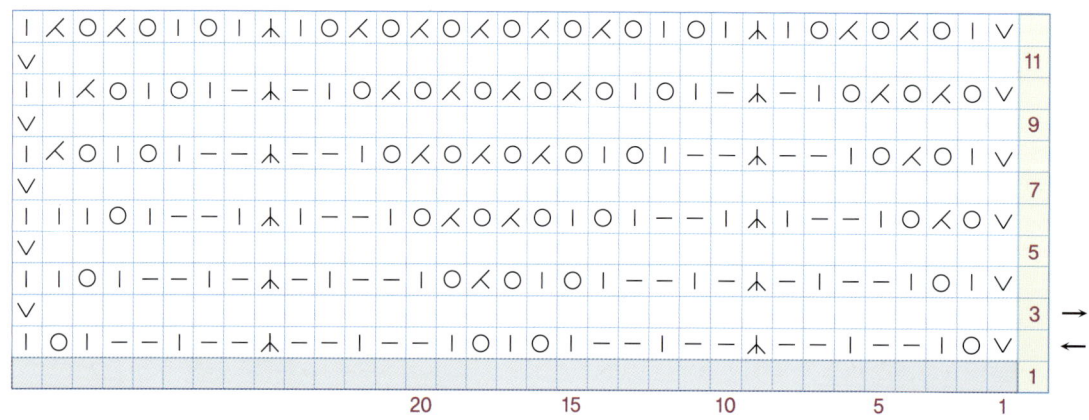

* I □ : 겉뜨기   * − : 안뜨기   * O : 바늘비우기   * 人 : 중심3코모아뜨기   * 人 : 왼코모아뜨기   * V : 걸러뜨기

14 감아코 17코를 만들고 감아코부터 시작해서 G4, k13, 바비, k1, {중3모, (k1, 바비)×2, k1}×7, 왼모, k1, k1, 바비, 왼모, k1 (67) [차트 4]

15 G4, p46, G17

16, 17 G4, 메리야스뜨기, G4

18 G4, 오모, (k1, 바비)×2, k1, {중3모, (k1, 바비)×2, k1}×8, 중3모, k1, 바비, k2, G4

19 G4, 안뜨기, G4

20, 21 G4, 메리야스뜨기, G4

22 G4, k1, 바비, k1, {중3모, (k1, 바비)×2, k1}×9, 왼모, k1, G4

23 G4, 4코 앞까지 안뜨기, G4

24 G4, 4코 앞까지 겉뜨기, k1, 바비, 왼모, k1

25 G4, 4코 앞까지 안뜨기, G4

26 G4, 오모, (k1, 바비)×2, k1, {중3모, (k1, 바비)×2, k1}×8, 중3모, k1, 바비, k2, G4

27 G4, 4코 앞까지 안뜨기, G4

※ 코마무리를 하지 않고, 먼저 떠둔 스커트와 겉과 겉끼리 맞대게 두고 덮어씌워 잇기를 해준다. 덮어씌워 잇기할 때 오른쪽의 바늘을 2mm 사용해서 덮어씌워 준다.

덮어씌워 잇기

[사진 1]

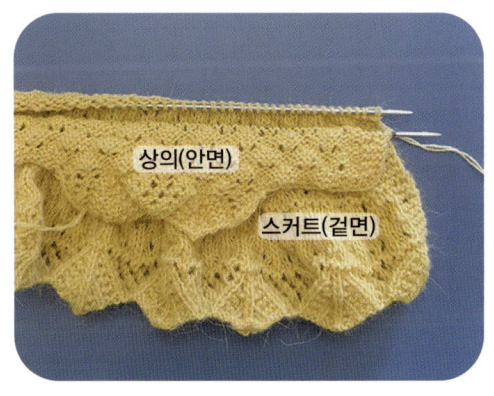

[차트 4]

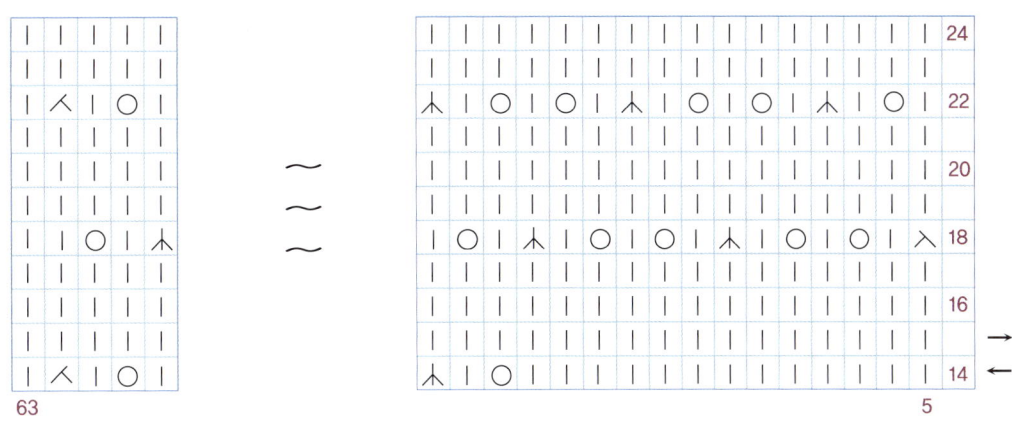

* Ⅰ : 겉뜨기   * O : 바늘비우기   * ⋏ : 중심3코모아뜨기   * ⋋ : 오른코모아뜨기   * ⋌ : 왼코모아뜨기

어깨끈

150cm 실을 가지고 앞면 끝부분에 레이스용 코바늘 1mm로 넣어 이중사슬뜨기(12~15cm)한다.

[사진 2]

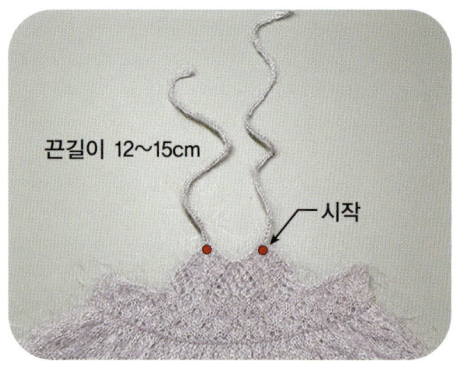

끈길이 12~15cm

→ 시작

어깨끈 달기

[어깨끈 달기]

① 끈을 달고자 하는 부분에 바늘을 넣는다.

② 실을 걸어 통과시킨다.

③ 실이 통과한 모습

④ 아래쪽 실을 바늘 안쪽에서 바깥으로 감싼다.

⑤ 실을 걸어 2코 사이를 통과 시킨다.

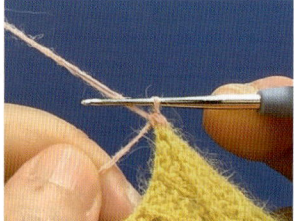

⑥ 이중사슬뜨기 1개를 완성한 후 ④, ⑤를 원하는 사이즈가 될 때까지 반복한다.

숄칼라 배색 베스트

⊗ **사용실** 앙고라 2합, 램스울 3합

⊗ **바늘** 2mm 줄바늘, 장갑바늘
2.25mm 줄바늘, 장갑바늘

⊗ **단추** 5mm

⊗ **게이지**
메리야스뜨기
앙고라 2합(2mm) : 4.3코×6단(1cm×1cm)
램스울 3합(2mm) : 4코×5.8단(1cm×1cm)
램스울 3합(2.25mm) : 3.5코×5.3단(1cm×1cm)

k(겉뜨기)	kfb(겉뜨기코 늘리기)	왼모(왼코 모아뜨기, k2tog)
p(안뜨기)	바비(바늘비우기, yo)	오모(오른코 모아뜨기, ssk)
G(가터뜨기)	안왼모(안뜨기 왼코 모아뜨기, p2tog)	

겉(안)뜨기   바비   가터뜨기   kfb   안왼모   왼모, 오모

 뜨는 순서

★ 아래 → 위로 뜬다.

① 코를 잡아 밑단을 시작으로 24단까지 뜨고, 25단부터는 오른쪽 앞면, 뒷면, 왼쪽 앞면으로 나눠 뜬다.

② 오른쪽 앞면을 뜬다.

③ 뒷면을 뜨면서 오른쪽 어깨, 왼쪽 어깨를 각각 나눠 뜬다.

④ 왼쪽 앞면을 뜬다.

⑤ 어깨를 연결한다.

⑥ 숄칼라를 연결한다.

⑦ 뒷목과 숄칼라 목부분을 연결한다.

앞면

뒷면

램스울 3합(2.25mm)　　　　앙고라 2합(2mm)　　　　램스울 3합(2mm)

※ 램스울 3합(2mm)은 꼭 맞는 타이트한 사이즈, 앙고라 2합(2mm)과 램스울 3합(2.25mm)은 니
트티와 레이어드 가능한 사이즈이지만 손땀에 따라 차이가 나므로 참고하기 바란다.

[사진 1]

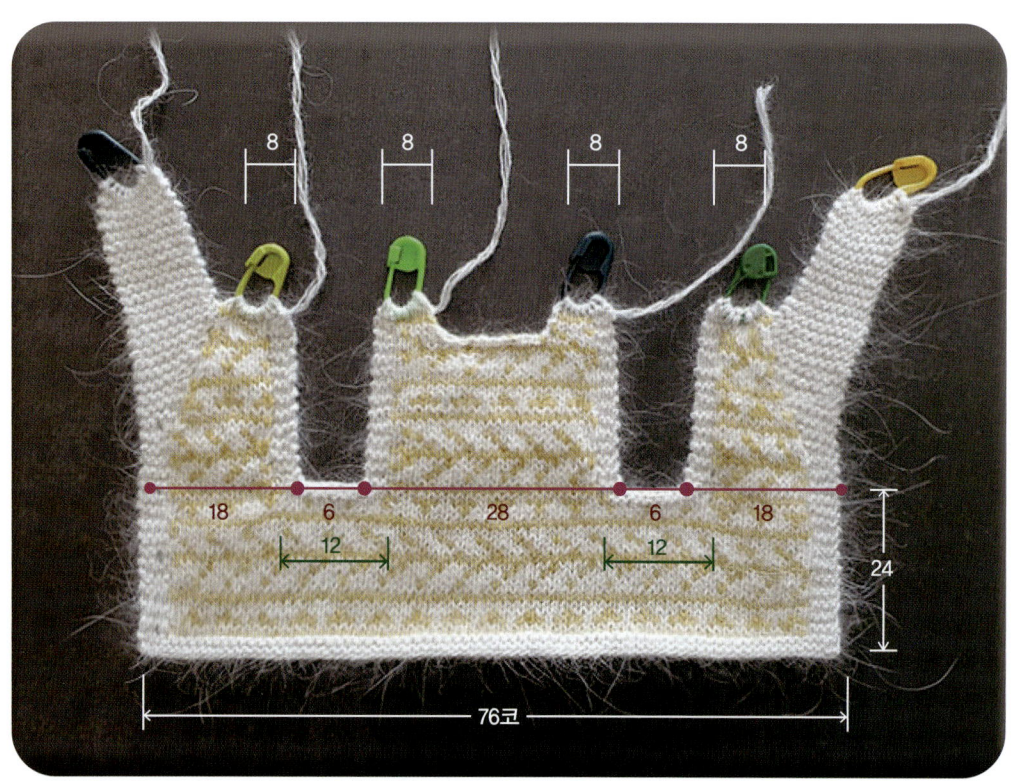

몸판뜨기

1   76코 만들기

2~4   모두 가터뜨기(4단부터 배색 시작)

5   (겉) G4, k68, k1, 바비, 왼모, k1

6   (안) G4, p68, G4

7   G4, k68, G4

8   G4, p68, G4

9~14   7, 8단을 반복

15   G4, k68, k1, 바비, 왼모, k1

16   G4, p68, G4

17~22   7, 8단을 반복

23   G4, k11, G12(겨드랑이 부분 배색실), k22, G12 (겨드랑이 부분 배색실), k11, G4

24   G4, p11, G12(겨드랑이 부분 배색실), p22, G12 (겨드랑이 부분 배색실), p11, G4

18 / 6 / 28 / 6 / 18에 마커를 걸어둔다. [사진 1]

※ 25단부터는 앞, 뒷면을 나눠서 뜬다.

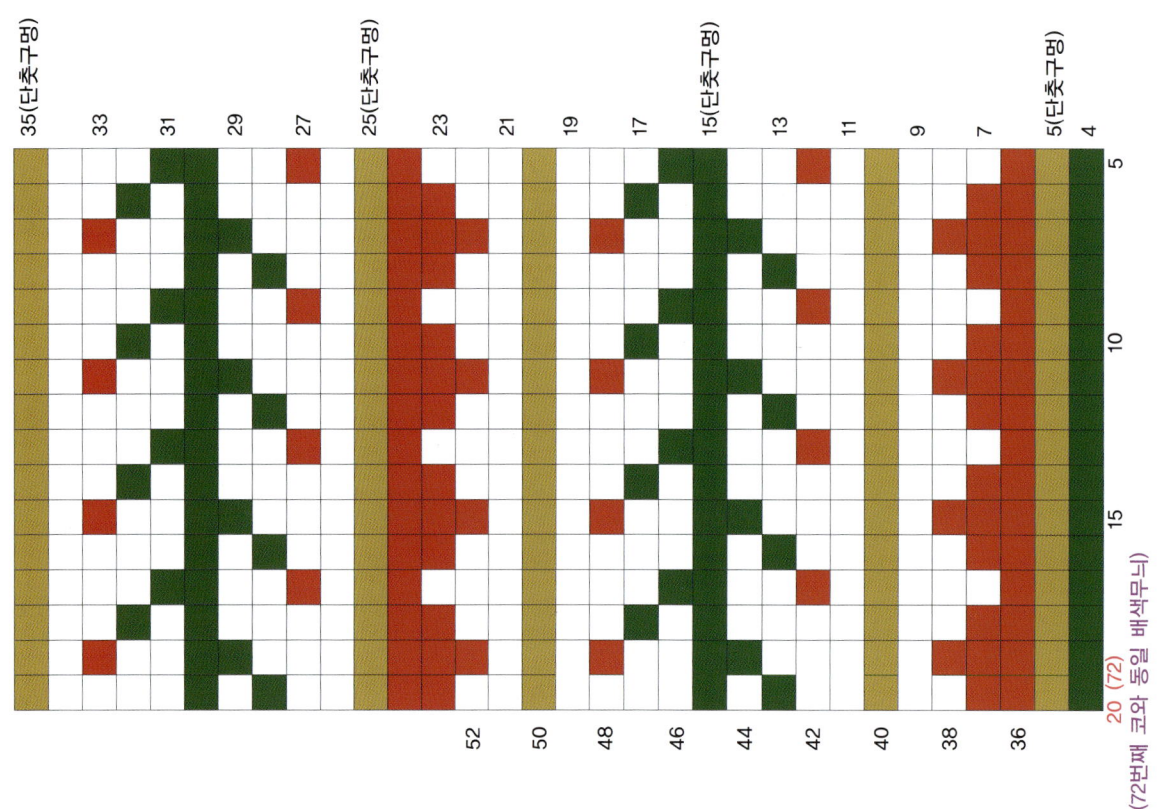

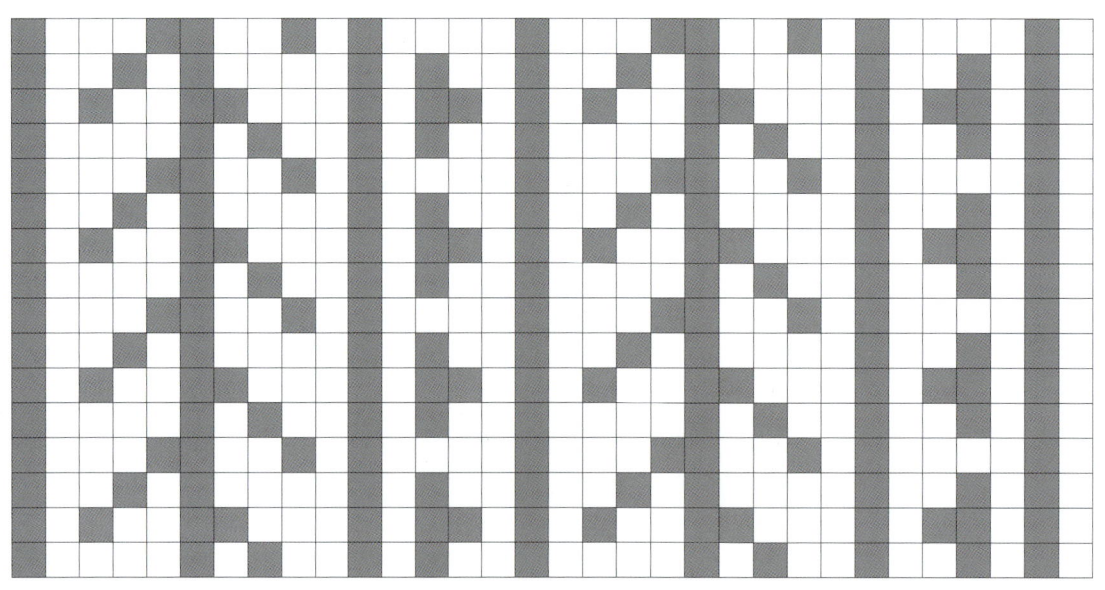

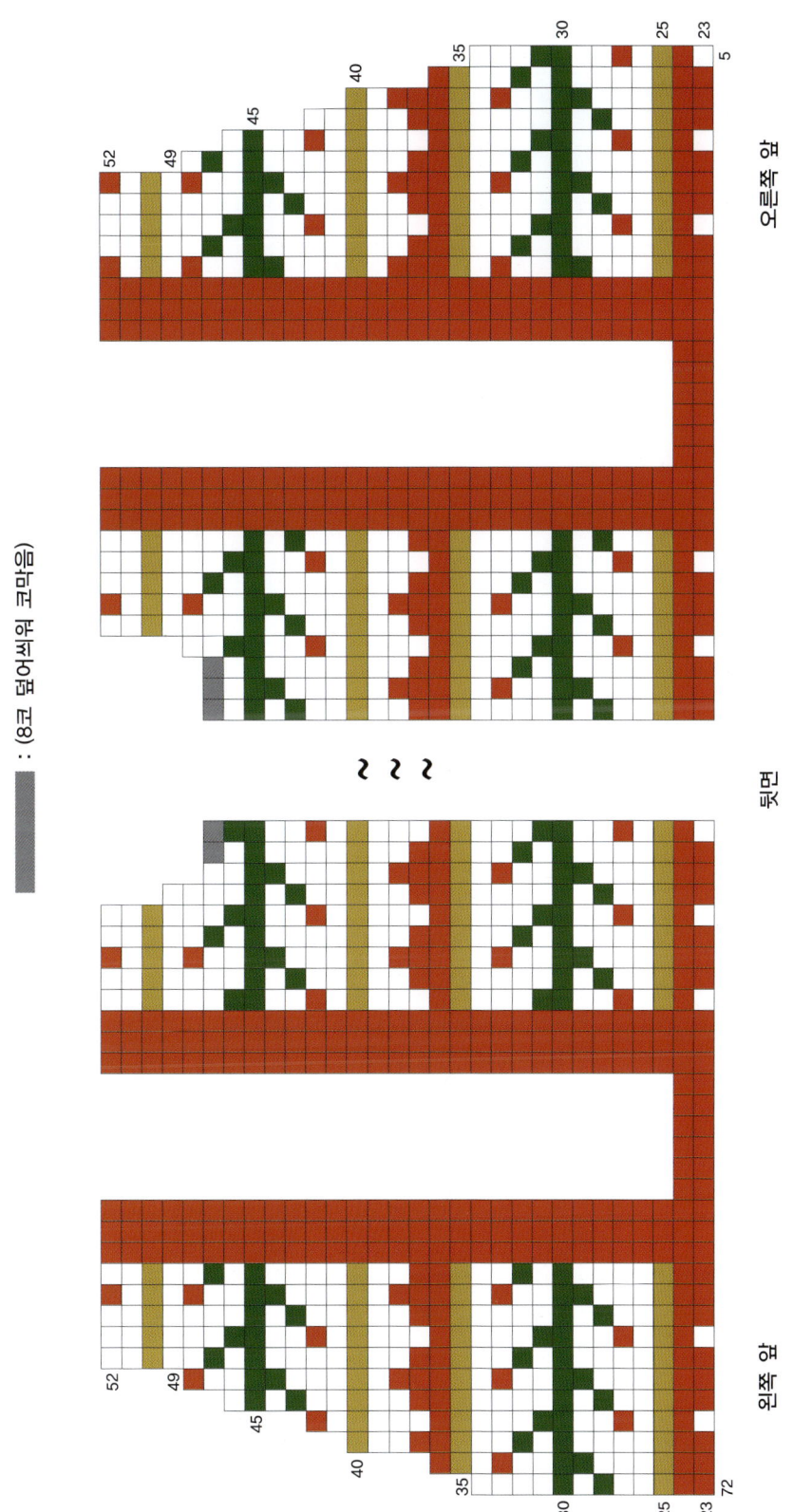

오른쪽 앞

: (8코 덮어씌워 코막음)

뒷면

왼쪽 앞

25 G4(앞여밈, 숄칼라 배색실), k11, G3(진동 배색실) [사진 2]

26 G3(진동 배색실), p11, G4(앞여밈, 숄칼라 배색실)

※ 마지막 단까지 가터뜨기 부분은 배색실로 뜬다.

27~34 25, 26단을 반복

35 G3, kfb, 오모, k9, G3 (18)

36 G3, p10, G5

37 G4, kfb, 오모, k8, G3

38 G3, p9, G6

39 G6, k9, G3

40 G3, p9, G6

41 G5, kfb, 오모, k7, G3

42 G3, p8, G7

43 G6, kfb, 오모, k6, G3

44 G3, p7, G8

45 G8, k8, G3

46 G3, p7, G8

47 G7, kfb, 오모, k5, G3

48 G3, p6, G9

49 G8, kfb, 오모, k4, G3

50 G3, p5, G10

51 G10, k5, G3

52 G3, p5, G10 [사진 2]

숄칼라 부분, 53단부터는 G10만 뜬다.

코마무리를 하지 않고 20cm 여유실을 두고, (8코)핀이나 별실로 묶어둔다.

53단은 G10(칼라) 부분만 뜬다.

53~79 [숄칼라 부분] G10

[사진 2]

25 겨드랑이 부분부터 시작해서 6코 코막음, G3(진동 배색실), k22, G3(진동 배색실) [사진 3]
더 이상 뜨지 않고 편물을 돌려 안쪽면을 뜬다.

26 G3, p22, G3

27 G3, k22, G3

28 G3, p22, G3

29~46 27, 28단을 반복

※ 47단은 오른쪽, 왼쪽 어깨를 나눠서 뜬다.

오른쪽 어깨

47 G3, k5, 왼모
더이상 뜨지 않고 편물을 돌려 안쪽면을 뜬다.
[사진 3]

48 p6, G3

49 G3, k4, 왼모

50 p5, G3

51 G3, k5

52 p5, G3

※ 코마무리를 하지 않고 20cm 여유실을 두고, 핀이나 별실로 묶어둔다.

[사진 3]

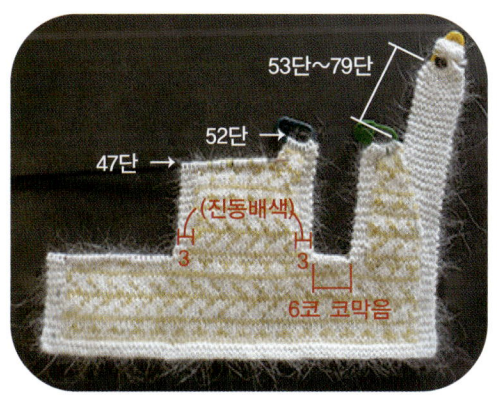

[사진 4]

왼쪽 어깨

47 8코 코막음, k7, G3 [사진 4]

48 G3, p5, 안왼모

49 k6, G3

50 G3, p4, 안왼모

51 k5, G3

52 G3, p5

※ 코마무리를 하지 않고 20cm 여유실을 두고, 핀이나 별실로 묶어둔다.

25	6코 코막음, G3(진동 배색실), k11, k1, 바비, 왼모, k1 [사진 5]	47	G3, k5, 왼모, kfb, G7
		48	G9, p6, G3
26	G4, k11, G3	49	G3, k4, 왼모, kfb, G8
		50	G10, p5, G3
27~34	25, 26단을 반복		
		51	G3, k5, G10
35	G3, k9, 왼모, kfb, 바비, 왼모, k1 (18)	52	G10(숄칼라 부분), p5, G3
36	G5, k10, G3		
37	G3, k8, 왼모, kfb, G4		
38	G6, p9, G3		

25 6코 코막음, G3(**진동 배색실**), k11, k1, 바비, 왼모, k1 [사진 5]

26 G4, k11, G3

27~34 25, 26단을 반복

35 G3, k9, 왼모, kfb, 바비, 왼모, k1 (18)

36 G5, k10, G3

37 G3, k8, 왼모, kfb, G4

38 G6, p9, G3

39 G3, k9, G6

40 G6, p9, G3

41 G3, k7, 왼모, kfb, G5

42 G7, p8, G3

43 G3, k6, 왼모, kfb, G6

44 G8, p7, G3

45 G3, k7, G8

46 G8, p7, G7

47 G3, k5, 왼모, kfb, G7

48 G9, p6, G3

49 G3, k4, 왼모, kfb, G8

50 G10, p5, G3

51 G3, k5, G10

52 G10(숄칼라 부분), p5, G3

코마무리를 하지 않고 20cm 여유실을 두고, (8코)핀이나 별실로 묶어둔다.

숄칼라 부분, 53단부터는 G10만 뜬다.

53단은 G10(칼라) 부분만 뜬다. [사진 5]

53~79 [숄칼라 부분] G10

※ 코 마무리를 하지 않고 20cm 여유실을 두고, 핀이나 별실로 묶어둔다.

[사진 5]

53단~79단

10
숄칼라

3

4

6코 코막음

어깨 연결

어깨의 코를 바늘에 옮기고 겉면끼리 맞대게 두고 덮어씌워 잇기한다.

[사진 6]

[사진 7]

숄칼라 연결

숄칼라 부분의 코를 바늘에 옮기고 (입었을 때) 겉면끼리 맞대게 두고 덮어씌워 잇기한다.

[사진 8]

덮어씌워 잇기

숄칼라, 목 연결

목부분 겉면과 숄칼라 (입었을 때) 안쪽면을 맞대게 두고 시침핀으로 고정시켜 놓고 감침질한다.
(숄칼라 부분이 조금 길기 때문에 홈질해서 주름을 살짝 잡아 놓고 감침질하거나 시침핀으로
조금씩 조절해가면서 목둘레에 맞춰 감침질한다.)

[사진 9]

겉면에서 봤을 때

[사진 10]

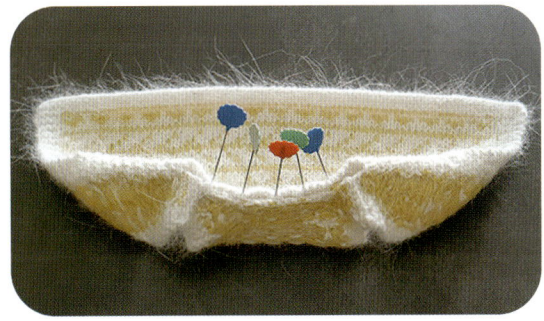

앞면에서 봤을 때

프릴 비침무늬 카디건 롱 & 숏

⊗ **사용실**
SANDES GARN TYNN SILK MOHAIR 1합
앙고라 2합

⊗ **게이지**
메리야스뜨기
앙고라 2합(2mm) : 4.3코×6단(1cm×1cm)
모헤어 1합(2mm) : 3.9코×5.2단(1cm×1cm)

⊗ **바늘** 2mm 줄바늘, 장갑바늘

⊗ **단추** 5mm

k(겉뜨기)	돌(돌려뜨기, 꼬아뜨기)	왼모(왼코 모아뜨기, k2tog)
p(안뜨기)	kfb(겉뜨기코 늘리기)	오모(오른코 모아뜨기, ssk)
걸(걸러뜨기, sl)	오1교(오른코 위 1코 교차뜨기)	중3모(중심3코 모아뜨기)
바비(바늘비우기, yo)	왼1교(왼코 위 1코 교차뜨기)	감(감아코)

 겉(안)뜨기

 걸러뜨기

 kfb

 오1교, 왼1교

 중3모

 감아코

 바비

 왼모, 오모

 돌려뜨기

 **뜨는 순서**

★ 상의는 top down이라 위 → 아래로 뜬다.

① 59코를 잡아 목부분을 시작으로 20단까지 뜬다.

② 가슴라인쪽 프릴을 뜬다. (21단~25단)

③ 가슴라인에서 코를 주워 두 단을 뜬다.

④ 소매만 분리해서 따로 뜬다.

⑤ 뜨지 않은 코를 모두 옮겨 몸통을 뜬다.

⑥ 목둘레에 41코를 주워 프릴을 뜬다.

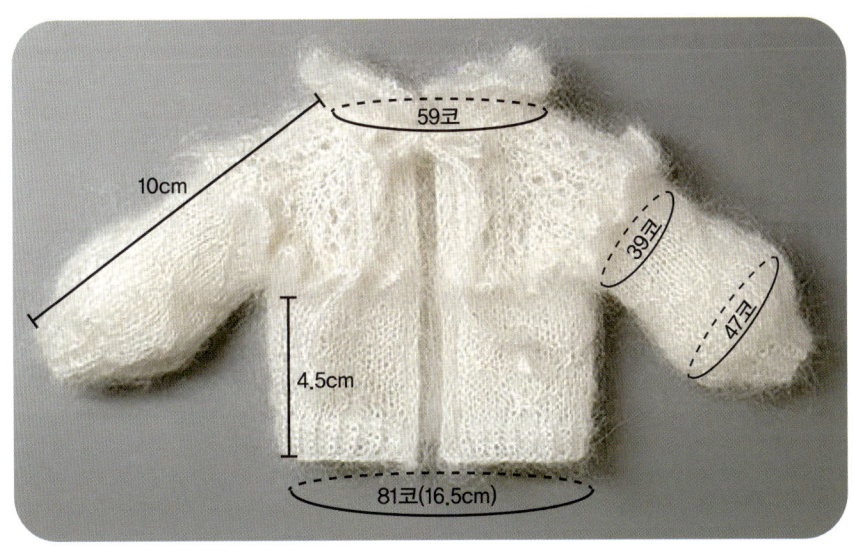

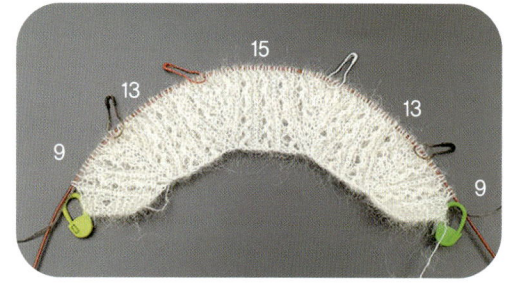

상의

1 2mm 바늘로 59코 만들기

2 (안) 걸2, p1, k1, 4코 앞까지 안뜨기, k1, p3

※ 롱 카디건을 뜰 경우, 양쪽 끝 4코는 가터뜨기
(9/13/15/13/9 마커를 걸어준다. /=마커)

[차트 1] 무늬 참고

3 (겉) 걸2, k1, p1, 돌, p1, 바비, 오모, kfb / kfb,
(p1, 바비, 오모, p1, 돌)×2, p1, kfb / kfb, (p1,
바비, 오모, p1, 돌)×2, p1, 바비, 오모, kfb / kfb,
(p1, 바비, 오모, p1, 돌)×2, p1, kfb / kfb, 바비,
오모, p1, 돌, p1, k3 (10/15/17/15/10)

※ 롱 카디건을 뜰 경우 마지막 4코는 p1, k3 대신
→ k1, 바비, 왼모, k1 (단춧구멍)

※ 돌려뜨기는 겉면에선 겉뜨기 방향, 안쪽면에선 안뜨기
방향으로 돌려뜨기한다.

4 걸2, p1, k1, 돌, k1, p4 / p2, k1, (돌, k1, p2,
k1)×2, p2 / p4, k1, (돌, k1, p2, k1)×2, p2 /
p2, k1, (돌, k1, p2, k1)×2, p2 / p4, k1, 돌,
k1, p3

5 걸2, k1, p1, 돌, p1, 왼모, 바비, p1, kfb / kfb,
(돌, p1, 왼모, 바비, p1)×2, 돌, p1, k1, kfb /
kfb, (돌, p1, 왼모, 바비, p1)×3, kfb / kfb, (돌,
p1, 왼모, 바비, p1)×2, 돌, p1, k1, kfb / kfb,
p1, 왼모, 바비, p1, 돌, p1, k3
(11/17/19/17/11)

6 걸2, p1, k1, 돌, k1, p2, k1, p2 / p3, k1, 돌,
(k1, p2, k1, 돌)×2, p2 / p2, (k1, p2, k1, 돌)
×3, p2 / p3, k1, 돌, (k1, p2, k1, 돌)×2, p2 /
p2, k1, p2, k1, 돌, k1, p3

7 걸2 ,k1, p1, 돌, p1, 바비, 오모, p1, 돌, kfb /
kfb, p1, (돌, p1, 바비, 오모, p1)×2, 돌, p1, 바
비, 오모, kfb / kfb, p1, (돌, p1, 바비, 오모, p1)
×3, 돌, kfb / kfb, p1, (돌, p1, 바비, 오모, p1)×
2, 돌, p1, 바비, 오모, kfb / kfb, 돌, p1, 바비, 오
모, p1, 돌, p1, k3
(12/19/21/19/12)

[차트 1]

−		−	୧	−			−	୧	
−	○	人	−	୧	−	○	人	−	୧	9
−		−		୧	−			−	୧	
−	人	○	−	୧	−	人	○	−	୧	7
−				୧	−			−	୧	
−	○	人	−	୧	−	○	人	−	୧	5
−		−		୧	−			−	୧	
−	人	○	−	୧	−	人	○	−	୧	3

★ □ : 겉뜨기   ★ ○ : 바늘비우기
★ − : 안뜨기   ★ 人 : 왼코두코모아뜨기
★ ୧ : 돌려뜨기   ★ 入 : 오른코두코모아뜨기

8 걸2, p1, k1, 돌, k1, p2, k1, 돌, p2 / p4, k1, 돌, (k1, p2, k1, 돌)×2, k1, p2 / p2, 돌, (k1, p2, k1, 돌)×3, k1, p2 / p4, k1, 돌, (k1, p2, k1, 돌)×2, k1, p2 / p2, 돌, k1, p2, k1, 돌, k1, p3

9 걸2, k1, p1, 돌, p1, 왼모, 바비, p1, 돌, p1, kfb / kfb, k1, p1, (돌, p1, 왼모, 바비, p1)×3, kfb / kfb, k1, p1, (돌, p1, 왼모, 바비, p1)×3, 돌, p1, kfb / kfb, k1, p1, (돌, p1, 왼모, 바비, p1)×3, kfb / kfb, p1, 돌, p1, 왼모, 바비, p1, 돌, p1, k3 (13/21/23/21/13)

10 걸2, p1, k1, 돌, k1, p2, k1, 돌, k1, p2 / p2, (k1, p2, k1,돌)×3, k1, p3 / p2, k1, 돌, (k1, p2, k1, 돌)×3, k1, p3 / p2, (k1, p2, k1, 돌)×3, k1, p3 / p2, k1, 돌, k1, p2, k1, 돌, k1, p3

11 걸2, k1, p1, 돌, p1, 바비, 오모, p1, 돌, p1, k1, kfb / kfb, 바비, 오모, p1, (돌, p1, 바비, 오모, p1)×3, 돌, kfb / kfb, 바비, 오모, p1, (돌, p1, 바비, 오모, p1)×3, 돌, p1, k1, kfb / kfb, 바비, 오모, p1, (돌, p1, 바비, 오모, p1)×3, 돌, kfb / kfb, k1, p1, 돌, p1, 바비, 오모, p1, 돌, p1, k3 (14/23/25/23/14)

12 걸2, p1, k1, 돌, k1, p2, k1, 돌, k1, p3 / p2, 돌, (k1, p2, k1, 돌)×3, k1, p4 / p3, k1, 돌, (k1, p2, k1, 돌)×3, k1, p4 / p2, 돌, (k1, p2, k1, 돌)×3, k1, p4 / p3, k1, 돌, k1, p2 ,k1, 돌, k1, p3

13 걸2, k1, p1, 돌, p1, 왼모, 바비, p1, 돌, p1, 왼모, 바비, kfb / kfb, p1, 왼모, 바비, p1, (돌, p1, 왼모, 바비, p1)×3, 돌, p1, kfb / kfb, p1, 왼모, 바비, p1, (돌, p1, 왼모, 바비, p1)×3, 돌, p1, 왼모, 바비, kfb / kfb, p1, 왼모, 바비, p1, (돌, p1, 왼모, 바비, p1)×3, 돌, p1, kfb / kfb, 왼모, 바비, p1, 돌, p1, 왼모, 바비, p1, 돌, p1, k3

(15/25/27/25/15)

※ 롱 카디건을 뜰 경우 마지막 4코는 p1, k3 대신
  → k1, 바비, 왼모, k1 (단춧구멍)

14 걸2, p1, k1, 돌, k1, p2, k1, 돌, k1, p4 / p2, k1, 돌, (k1, p2, k1, 돌)×3, k1, p2, k1, p2 / p4, k1, 돌, (k1, p2, k1, 돌)×3, k1, p2, k1, p2 / p2, k1, 돌, (k1, p2, k1, 돌)×3, k1, p2, k1, p2 / p4, k1, 돌, k1, p2, k1, 돌, k1, p3

15 걸2, k1, p1, (돌, p1, 바비, 오모, p1)×2, kfb / kfb, (돌, p1, 바비, 오모, p1)×4, 돌, p1, k1, kfb / kfb, (돌, p1, 바비, 오모, p1)×5, kfb / kfb, (돌, p1, 바비, 오모, p1)×4, 돌, p1, k1, kfb / kfb, (p1, 바비, 오모, p1, 돌)×2, p1, k3 (16/27/29/27/16)

16 걸2, p1, k1, (돌, k1, p2, k1)×2, p2 / p3, k1, 돌, (k1, p2, k1, 돌)×4, p2 / p2, (k1, p2, k1, 돌)×5, p2 / p3, k1, 돌, (k1, p2, k1, 돌)×4, p2 / p2, (k1, p2, k1, 돌)×2, k1, p3

17 걸2, k1, p1, (돌, p1, 왼모, 바비, p1)×2, 돌, kfb / kfb, p1, (돌, p1, 왼모, 바비, p1)×4, 돌, p1, 왼모, 바비, kfb / kfb, p1, (돌, p1, 왼모, 바비, p1)×5, 돌, kfb / kfb, p1, (돌, p1, 왼모, 바비, p1)×4, 돌, p1, 왼모, 바비, kfb / kfb, (돌, p1, 왼모, 바비, p1)×2, 돌, p1, k3 (17/29/31/29/17)

18 걸2, p1, k1, 돌, (k1, p2, k1, 돌)×2, p2 / p4, k1, 돌, (k1, p2, k1, 돌)×4, k1, p2 / p2, 돌, (k1, p2, k1,돌) ×5, k1, p2 / p4,k1,돌, (k1,p2,k1,돌)×4,k1,p2 / p2, 돌, (k1, p2, k1, 돌)×2, k1, p3

19 걸2, k1, p1, (돌, p1, 바비, 오모, p1)×2, 돌, p1, kfb / kfb, k1, p1, (돌, p1, 바비, 오모, p1) ×5, kfb / kfb, k1, p1, (돌, p1, 바비, 오모, p1) ×5, 돌, p1, kfb / kfb, k1, p1, (돌, p1, 바비, 오모, p1)×5, kfb / kfb, p1, (돌, p1, 바비, 오모, p1)×2, 돌, p1, k3 (18/31/33/31/18)

20 걸2, p1, k1, 돌, (k1, p2, k1, 돌)×2, k1, p2 / p2, (k1, p2, k1, 돌)×5, k1, p3 / p2, k1, 돌, (k1, p2, k1, 돌)×5, k1, p3 / p2, (k1, p2, k1, 돌)×5, k1, p3 / p2, k1, 돌, (k1, p2, k1, 돌)× 2, k1, p3

※ 다음은 가슴라인 부분의 프릴을 뜬다.

앙고라 2합으로 떴을 경우

21단~25단은 가슴라인쪽 프릴 부분이다. 프릴을 먼저 뜨고 난 후 다시 몸통을 뜬다.

첫 4코와 마지막 4코는 별실로 묶어두고, 우선 몸판 코줍기를 편하게 하기 위해 20단에 걸려 있는
코에 다른 색실을 통과해서 표시를 해둔다. [사진 1], [사진 2], QR 참조

[사진 1]

양쪽 끝 4코를 제외하고 돗바늘로 코 안
으로 다른 색실을 통과시켜 준다.

[사진 2]

코 안으로 통과 후 겉면에서 본 모습

색실로 코줍는
자리 표시

21 (양쪽 끝 4코는 별실이나 핀으로 묶어두고, 5번
째 코를 시작으로 프릴을 뜬다.)
(겉) {k3, (바비, k1)×3, 바비}×20, k3 (203)

22 (안) 걸1, 마지막 코까지 안뜨기

23 걸1, k4, {(바비, k1)×4, k6}×19, (바비, k1)×
4, k4 (283)

24 걸1, 마지막 코까지 안뜨기

25 덮어씌워 코막음

[배색실] 프릴을 뜨기 전 표시해둔 부분(양 끝 4코를 제외하고) 코를 줍는다.

사진을 참고해 코를 줍되 14/31/33/31/14를 안쪽면을 보며 코를 주워준다.

[사진 3], 영상 참조

가슴라인 코줍기

[사진 3]

안쪽면을 보고 색실을 감싸고 있는
코에 바늘을 넣는다.

바늘에 실을 감아 코 사이로 통과시켜
코를 만들어준다.

이때 묶어둔 양쪽 4코도 같은 바늘에 걸어준다.

바늘에 프릴을 만들기 이전과 동일하게 18/31/33/31/18이 걸려 있게 된다.

(여기까지는 롱 카디건과 뜨는 법이 동일하다. 롱 카디건을 뜰 경우 🟥롱 카디건 으로 가서 뜬다.)

코를 줍고 나서 겉면을 보고, 걸2, k1, p1, k13, kfb / kfb, k29, kfb / kfb, k31, kfb / kfb, k29, kfb / kfb, k13, p1, k3 (19/33/35/33/19)

※ 걸러뜨기는 안면, 겉면 모두 안뜨기 방향으로 바늘을 넣어 걸러준다.

안면을 보고 걸2, p1, k1, 마지막 4코 앞까지 안뜨기, k1, p3 여기까지 뜨고 소매 부분만 따로 먼저 뜬다.

다음은 소매 부분(33코)만 따로 뜬다.

소매를 제외한 코는 별실로 묶어두고 소매 부분을 1단으로 다시 시작한다.

[비숍 소매 감아코 영상 참고]

비숍 소매 감아코

1 감3, 감아코부터 시작해서 k4, (오1교, 왼1교, k6)×3, k2 (36)

2 감아코3, 감아코부터 시작해서 모두 안뜨기 (39)

3 k4, (왼1교, 오1교, k6)×3, k5

4 모두 안뜨기

5, 6 메리야스뜨기

7 k1, 왼1교, k6, (오1교, 왼1교, k6)×3

8 모두 안뜨기

9 k1, 오1교, k6, (왼1교, 오1교, k6)×3

10 모두 안뜨기

11, 12 메리야스뜨기

13 k4, (오1교, 왼1교, k6)×3, 오1교, 왼1교, k1

14 모두 안뜨기

15 k4, (왼1교, 오1교, k6)×3, 왼1교, 오1교, k1

16 모두 안뜨기

17 k3, kfb, (k4, kfb)×6, k3, kfb, k1 (47)

18 모두 안뜨기

19 k1, 왼1교, k8, (오1교, 왼1교, k8)×3.

20 모두 안뜨기

21 k1, 오1교, k8, (왼1교, 오1교, k8)×3.

22 2.5mm 바늘 교체 후 모두 안뜨기
29단까지 2.5mm 바늘로 뜬다.

23, 24 메리야스뜨기

25 k5, (오1교, 왼1교, k8)×3, 오1교, 왼1교, k2

26 모두 안뜨기

27 k5, (왼1교, 오1교, k8)×3, 왼1교, 오1교, k2

28 모두 안뜨기

29 모두 겉뜨기

30 2mm 바늘 교체 후 모두 안뜨기

31 k2, 왼모2, (중심3모2, k1)×5, 왼모2, k2 (23)

32 모두 안뜨기

33 (k1, p1을 11번 반복), k1

34 p1, (k1, p1을 11번 반복).

35~38 33, 34단을 반복해 준다.

39 덮어씌워 코막음

※ 나머지 오른쪽 소매 부분도 똑같이 떠주고, 몸판을 뜨고 나서 소매 옆선을 이어준다. [152쪽 참고]

몸판뜨기(숏)

1 (겉) 소매 부분을 뜨고 남은 모든 코를 바늘에 옮긴다. [사진 4]
[비숍 소매 탑다운 감아코 QR 참고]

걸2, k1, p1, k1, (오1교, 왼1교, k6), 오1교, 왼1교 / 감4 / k2, (오1교, 왼1교, k6)×3, 오1교, k1 / 감4 /k3, 오1교, 왼1교, k8, p1, k3 (81) [차트 2]

[비숍 소매 탑다운]
감아코 만들면서 몸판뜨기

[사진 4]

모든 코를 바늘에 옮긴다. (겉면)

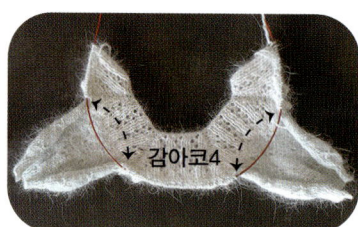

안쪽면

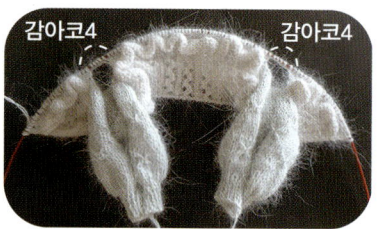

1단

[차트 2]

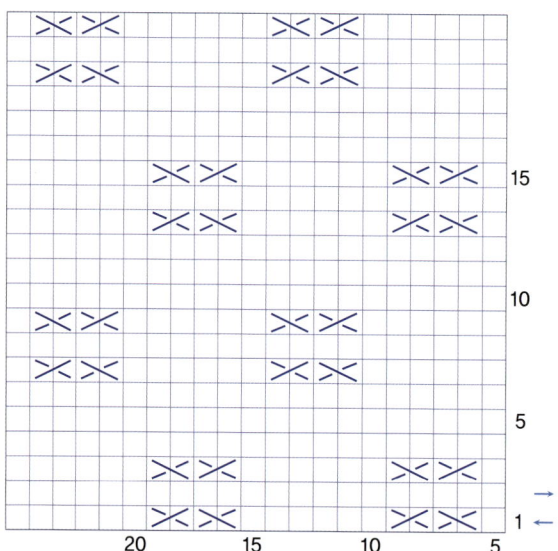

★ □ : 겉뜨기	★ ✕ : 오른코1코교차뜨기
	★ ✕ : 왼코1코교차뜨기

2 (안) 걸2, p1, k1, 4코 앞까지 안뜨기, k1, p3

3 걸2, k1, p1, k1, (왼1교, 오1교, k6)×7, k2, p1, k3

4 걸2, p1, k1, 4코 앞까지 안뜨기, k1, p3

5 걸2, k1, p1, 4코 앞까지 겉뜨기, p1, k3

6 걸2, p1, k1, 4코 앞까지 안뜨기, k1, p3

7 걸2, k1, p1, (k6, 오1교, 왼1교)×7, k3, p1, k3

8 걸2, p1, k1, 4코 앞까지 안뜨기, k1, p3

9 걸2, k1, p1, (k6, 왼1교, 오1교)×7, k3, p1, k3

10 걸2, p1, k1, 4코 앞까지 안뜨기, k1, p3

11, 12 5, 6단과 동일하게 뜬다.

13 걸2, k1, p1, k1, (오1교, 왼1교, k6)×7, k2, p1, k3

14 걸2, p1, k1, 4코 앞까지 안뜨기, k1, p3

15 걸2, k1, p1, k1, (왼1교, 오1교, k6)×7, k2, p1, k3

16 걸2, p1, k1, 4코 앞까지 안뜨기, k1, p3

17, 18 메리야스뜨기

19 걸2, k1, p1, (k6, 오1교, 왼1교)×7, k3, p1, k3

20 걸2, p1, k1, 4코 앞까지 안뜨기, k1, p3

21 걸2, k1, p1, (k6, 왼1교, 오1교)×7, k3, p1, k3

22 **1.75mm 바늘로 교체 후** 걸2, p1, k1, 4코 앞까지 안뜨기, k1, p3

23 걸2 ,k1, p1, (k1, p1을 5코 앞까지 반복), k1, p1, k3

※ **괄호 안의 고무뜨기의 겉뜨기, 안뜨기는 모두 돌려뜨기(26단까지)로 뜬다.**

24 걸2, p1, k1, (p1, k1을 5코 앞까지 반복), p1, k1, p3

25 걸2, k1, p1, (k1, p1을 5코 앞까지 반복), k1, p1, k3

26 걸2, p1, k1, (p1, k1을 5코 앞까지 반복), p1, k1, p3

27 덮어씌워 코막음

• 목둘레 프릴 •

1   2mm 바늘로 목둘레 부분(겉면)에 41코를 줍는다.
    [사진 5]
    (오른쪽 앞/어깨/뒤/어깨/왼쪽앞=5/10/11/10/5)
    양쪽 끝 3코를 제외한 중간에서 코를 줍는다.

2   (안) 걸1, 모두 안뜨기

3   (겉) 걸1, k3, {(바비, 왼모)×2, k2}×6, k1

4   걸1, 모두 안뜨기

5   걸1, k3, {(바비, k1)×3, 바비, k3}×6, k1 (65)

6   걸1, 모두 안뜨기

7   걸1, k3, {(바비, k1)×8, k2}×6, k1 (113)

8   걸1, 모두 안뜨기

9   덮어씌워 코막음

[사진 5]

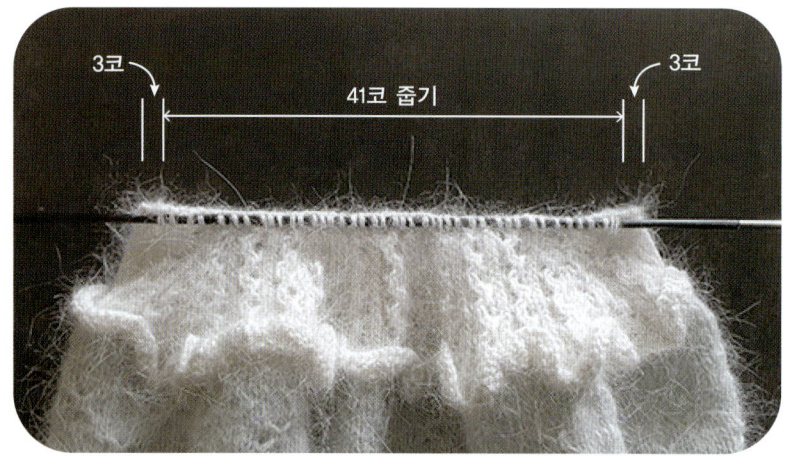

코를 줍고 양쪽 끝 4코도 바늘에 모두 옮긴 후

겉면을 보고 G4, (k1, kfb)×7 / kfb, k29, kfb / kfb, (k1, kfb)×16 / kfb, k29, kfb / (kfb, k1)×7, G4 (25/33/50/33/25)

안면을 보고 G4, 마지막 4코 앞까지 안뜨기, G4

여기까지 뜨고 소매 부분만 따로 먼저 뜬다. [소매 부분 129쪽 참고]

1 소매 부분을 제외한 모든 코를 (25/50/25) 바늘에 옮겨준다. 겉면을 보고, 비숍 소매 감아코 QR, [사진 4] 참고 G4, k21, 감4, k50, 감4, k21, k1, 바비, 왼모, k1 (108)

비숍 소매 감아코

2 G4, 4코 앞까지 안뜨기, G4

3 G4, (오1교, 왼1교, k6)×10, G4

4 G4, 4코 앞까지 안뜨기, G4

5 G4, (왼1교, 오1교, k6)×10, G4

6 G4, 4코 앞까지 안뜨기, G4

7 G4, 4코 앞까지 겉뜨기, G4

8 G4, 4코 앞까지 안뜨기, G4

9 G4, k5, (오1교, 왼1교, k6)×9, 오1교, 왼1교, k1, G4

10 G4, 4코 앞까지 안뜨기, G4

11 G4, k5, (왼1교, 오1교, k6)×9, 왼1교, 오1교, k1, k1, 바비, 왼모, k1

12 G4, 4코 앞까지 안뜨기, G4

13 G4, 4코 앞까지 겉뜨기, G4

14 G4, 4코 앞까지 안뜨기, G4

3~8단을 A, 9~14단을 B라고 할 때 15~44단까지 A, B 무늬를 번갈아가며 반복한다.

양쪽 끝 4코는 가터뜨기를 하되 21단, 31단, 41단은 단춧구멍을 만들어 주기 위해 마지막 4코를 k1, 바비, 왼모, k1로 떠준다.

45 G4, k5, (오1교, 왼1교, k6)×9, 오1교, 왼1교, k1, G4

46 G4, 4코 앞까지 안뜨기, G4

47 G4, k5, (왼1교, 오1교, k6)×9, 왼1교, 오1교, k1, G4

48 G4, 4코 앞까지 안뜨기, G4

49 G4, {안왼모×2, (바비, k1)×3, 바비, 안왼모× 2}×9, p1, G4

50 G4, 4코 앞까지 안뜨기, G4

51~54 49, 50단을 반복

55, 56 가터뜨기

57 덮어씌워 코막음

[차트 3]

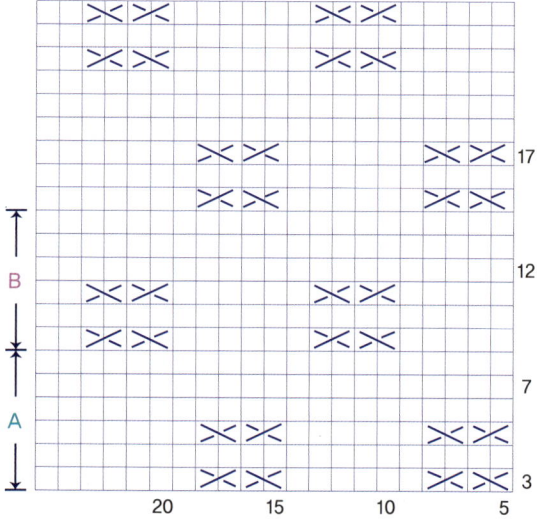

* □ : 겉뜨기   * ╳ : 오른코 1코 교차뜨기
* ╳ : 왼코 1코 교차뜨기

목둘레 끈 만들기

아이코드 또는 이중사슬뜨기로 끈을 만들어 목둘레 프릴의 바늘비우기 사이로 통과시켜 준다. [사진 6]

이중사슬뜨기

아이코드

[사진 6]

경사뜨기 탑다운

❌ **사용실**
SANDES GARN TYNN SILK MOHAIR 1합
앙고라 2합

❌ **바늘**
2mm(앙고라) 줄바늘, 장갑바늘
1.75mm(모헤어) 줄바늘, 장갑바늘

❌ **게이지**
메리야스뜨기
앙고라 2합(2mm) : 4.3코×6단(1cm×1cm)
모헤어 1합(1.75mm) : 4.6코×6.5단(1cm×1cm)

겉(안)뜨기

걸러뜨기

가터뜨기

kfb

바비

감아코

왼모, 오모

안왼모

 **뜨는 순서**

★ 상의는 top down 방식이라 위 → 아래로 뜬다.

① 코를 잡아 목부분을 시작으로 28단까지 뜬다.

② 29단부터는 소매 부분만 별도로 뜬다.

③ 28단의 뜨지 않은 코를 모두 옮겨 몸판을 뜬다.

④ 목둘레에서 코를 주워 넥밴드를 뜬다.

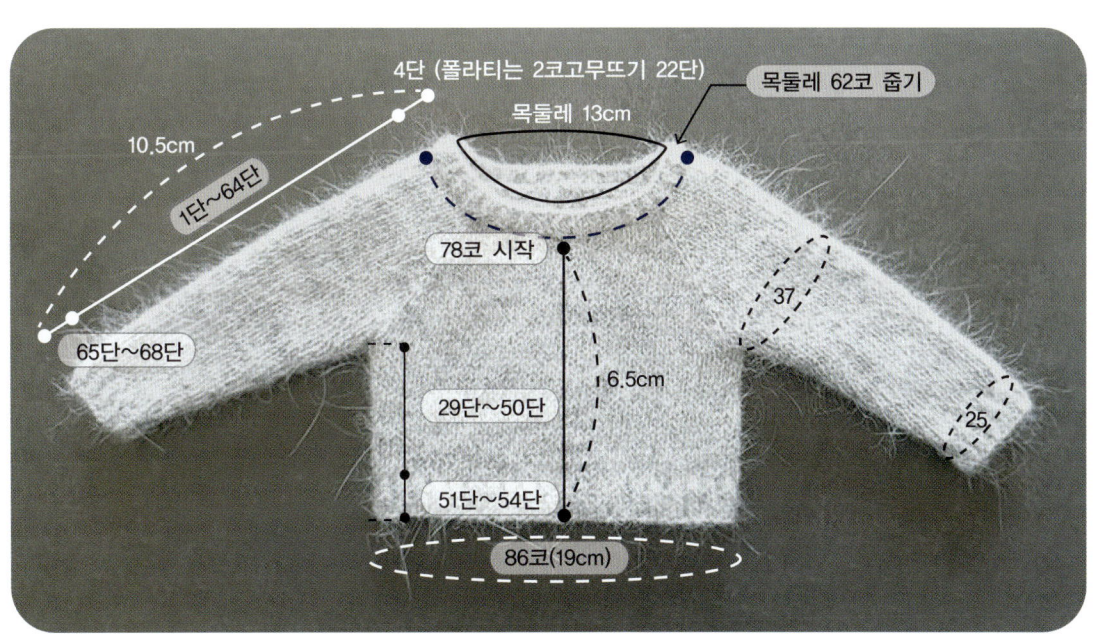

1 78코 만들기(앙고라 2합은 2mm, 모헤어는 1.75 mm)

2 (안) G4, p70, G4 (12/16/22/16/12) 뜨면서 마커를 걸어둔다. (/=마커)

3 (겉) k2, 바비, 왼모, k7, kfb / kfb, k14, kfb / kfb, k7까지 뜨고 편물을 돌려 안쪽면(4단)을 뜬다.

4 바비, 걸1, p8 / p18 / p9, G4

경사뜨기(3단~16단)

5 G4, k8, kfb / kfb, k16, kfb / kfb, k4까지 뜨고 편물을 돌려 안쪽면(6단)을 뜬다.

6 바비, 걸1, p5 / p20 / p10, G4

7 G4, k9, kfb / kfb, k16까지 뜨고 편물을 돌려 안쪽면(8단)을 뜬다.

8 바비, 걸1, p17 / p11, G4

※ 9단은 경사뜨기한 부분에 코를 정리하며 뜨는 단이다.

9 G4, k10, kfb / kfb, k17, 바늘비우기 코와 다음 코를 왼모, k1, kfb / kfb, k5, 바늘비우기 코와 다음 코를 왼모, k3, 바늘비우기 코와 다음 코를 왼모, k12, kfb / kfb, k14, kfb / kfb, k7, G4

※ 9단은 오른쪽 경사뜨기가 끝나는 단이라 왼쪽 바늘에 걸려 있는 코까지 다 뜬다.

10 G4, p9 / p18 / p9 까지 뜨고 편물을 돌려 겉면(11단)을 뜬다.

11 바비, 걸1, k7, kfb / kfb, k16, kfb / kfb, k8, G4

12 G4, p10 / p20 / p6까지 뜨고 편물을 돌려 겉면(13단)을 뜬다.

13 바비, 걸1, k4, kfb / kfb, k18, kfb / kfb, k9, G4

14 G4, p11 / p18까지 뜨고 편물을 돌려 겉면(15단)을 뜬다.

15 바비, 걸1, k16, kfb / kfb, k10, G4

※ 16단은 경사뜨기 한 부분에 코를 정리하며 뜨는 단이다.

16 G4, p12 / p19, 바늘비우기 코와 다음 코를 오른코 위 1코 교차뜨기하듯 자리를 바꾸고, 안왼모, p3 / p7, 바늘비우기 코와 다음 코를 오른코위 1코 교차뜨기하듯 자리를 바꾸고, 안왼모, p3, 바늘비우기 코와 다음 코를 오른코위 1코 교차뜨기하듯 자리를 바꾸고 안왼모, p16 / p23 / p12, G4 (16/23/28/23/16)

※ 16단은 왼쪽 경사뜨기가 끝나는 단이라 왼쪽 바늘에 걸려 있는 코까지 다 뜬다.

17 G4, k11, kfb / kfb, k21, kfb / kfb, k26, kfb / kfb, k21, kfb / kfb, k11, G4 (17/25/30/25/17)

18 G4, p13 / p25 / p30 / p25 / p13, G4

19 k2, 바비, 왼모, k12, kfb / kfb, k23, kfb /
    kfb, k28, kfb / kfb, k23, kfb / kfb, k12, G4
    (18/27/32/27/18) [차트 1], [사진 1]

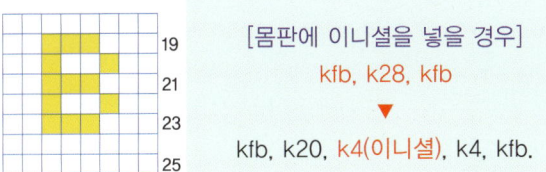

[몸판에 이니셜을 넣을 경우]
kfb, k28, kfb
▼
kfb, k20, k4(이니셜), k4, kfb.

[차트 1]

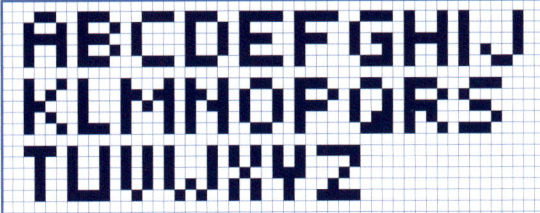

20 G4, p14 / p27 / p32 / p27 / p14, G4
21 G4, k13, kfb / kfb, k25, kfb / kfb,
    k30, kfb / kfb, k25, kfb / kfb, k13, G4
    (19/29/34/29/19)
22 G4, p15 / p29 / p34 / p29 / p15, G4
23 [사진 2 배색] G4, k14, kfb / kfb, k27, kfb /
    kfb, k32, kfb / kfb, k27, kfb / kfb, k14, G4
    (20/31/36/31/20)

[사진2 배색] 23단을 시작으로 소매, 몸판과 동일하게
2단씩 배색하며 뜬다.

24 G4, p16 / p31 / p36 / p31 / p16, G4
25 G4, k16 / k31 / kfb, k34, kfb / k3 1 / k16,
    G4 (20/31/38/31/20)
26 G4, p16 / p31 / p38 / p31 / p16, G4
27 [사진 1 배색] G4, k16 / k31(초록) / k38 / k31 /
    k16, G4 (20/31/38/31/20) [차트 2]

[사진 1 배색] 27단 소매 부분을 시작으로 초록 2단
(27단, 28단), 빨강 4단(29단~32단), 초록 2단(33단, 34단)
으로 배색, 소매 밑단, 몸판 밑단, 목둘레 부분은 초록 1,
빨강 2, 초록 1로 배색해준다.

[차트 2]

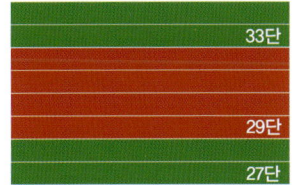

[사진 1]의 팔뚝 부분 배색

28 [배색] G4, p16 / p31 / p38 / p31 / p16, G4

※ 29단부터는 소매만 따로 뜬다. 소매 부분을 제외한
  코는 별실에 옮긴다.

[사진 1]

[사진 2]

※ 반소매로 뜰 경우 다음 페이지 참고

[차트 3]

29 [배색] 감3, 감아코부터 시작해서 k34 (34)
　　[차트 3]

비숍 소매 감아코

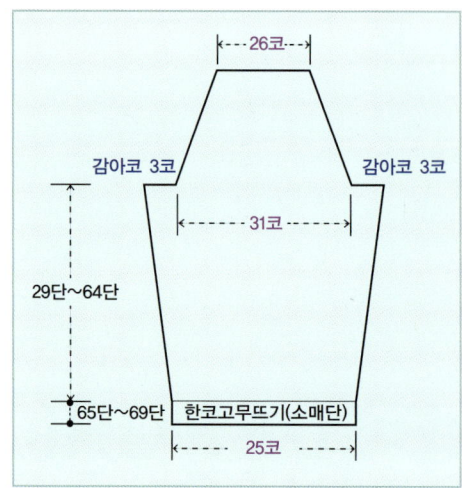

30 [배색] 감3, 감아코부터 시작해서 p37 (37)

31, 32 [배색] 메리야스뜨기

33 [배색] k1, 오모, k31, 왼모, k1 (35)

34 [배색] p35

35, 36 메리야스뜨기

37 k1, 오모, k29, 왼모, k1 (33)

38 p33

39~42 메리야스뜨기

43 k1, 오모, k27, 왼모, k1 (31)

44 p31

45~48 메리야스뜨기

49 k1, 오모, k25, 왼모, k1 (29)

50 p29

51~54 메리야스뜨기

55 k1, 오모, k23, 왼모, k1 (27)

56 p27

57~60 메리야스뜨기

61 k1, 오모, k21, 왼모, k1 (25)

62 p25

63, 64 메리야스뜨기

※ 65단부터는 소매단이다.

65 [1.75mm 바늘]
k1, (p1, k1을 2코 앞까지 반복), p1, k1
괄호 안의 겉뜨기는 돌려뜨기 해준다.

66 p1, k1, (p1, k1을 2코 앞까지 반복) p1
괄호 안의 안뜨기는 돌려뜨기 해준다.

67, 68 65, 66단과 동일하게 뜬다.

69 덮어씌워 코막음

소매단 배색

반소매 티셔츠를 뜰 경우

29 감3, 감아코부터 시작해서 k5, (k4, 왼모)×4, k5
(30) [차트 3]

30 감3, 감아코부터 시작해서 p33 (33)

30단까지 뜬 후 다음 단은 모헤어, 앙고라 2합 동일하게
1.75mm 바늘로 소매단(65단~69단과 동일)을 뜬다.

※ 소매 옆선과 겨드랑이 트인 부분은 세로(가로)잇
기 또는 안쪽에서 감침질해서 소매통을 만들어준다.
[152쪽 참고]

세로잇기   가로잇기

별실에 걸려 있는 코를 모두 바늘에 옮겨주고 오른쪽 뒷면부터 시작해서 아래와 같이 뜬다.

29　k2, 바비, 왼모, k16, 감4, k38, 감4, k16, G4 (86)

비숍 탑다운 몸판 감아코

30　G4, p78, G4

31　G4, k78, G4

32　G4, p78, G4

33~50　31, 32단을 반복해서 뜬다.

※ 39단과 49단 첫 4코는 단춧구멍을 만들어준다.

G4 → k2, 바비, 왼모(단춧구멍)

(반소매 짧은 티셔츠를 뜰 경우 오른쪽 39단부터 참고해서 뜬다.)

51　[1.75mm 바늘로 교체]
　　(겉) G4, p1, k1을 4코 앞까지 반복, G4
　　(1코 고무뜨기 시 겉뜨기만 돌려뜨기한다.)

52　(안) G4, p1, k1을 4코 앞까지 반복, G4
　　(1코 고무뜨기 시 안뜨기만 돌려뜨기한다.)

53, 54　51, 52단과 같이 동일하게 뜬다.

55　덮어씌워 코막음

반소매 짧은 티셔츠를 뜰 경우

39　k2, 바비, 왼모, k2, (k5, 왼모)×10, k6, G4 (76)

40　G4, p68, G4

※ 몸판 밑단은 앙고라 2합, 모헤어 동일하게 1.75mm 바늘로 뜬다.

41　[1.75mm] (겉) G4, p1, k1을 4코 앞까지 반복, G4
　　(1코 고무뜨기 시 겉뜨기만 돌려뜨기한다.)

42　(안) G4, p1, k1을 4코앞까지 반복, G4
　　(1코 고무뜨기 시 안뜨기만 돌려뜨기한다.)

43, 44　41, 42단과 같이 동일하게 뜬다.

45　덮어씌워 코막음

1 1.75mm 바늘로 겉면을 보고 목둘레에서 62코를 줍는다. [차트 4, 5]

※ 폴라 티셔츠의 경우 오른쪽 참고

10(왼쪽 뒤) / 12(소매) / 18(앞)/ 12(소매) / 10(오른쪽 뒤)에서 코를 줍는다.

2 (안) G4, p1, k1을 4코 앞까지 반복, G4
(1코 고무뜨기 시 안뜨기만 돌려뜨기한다.)

3 (겉) G4, p1, k1을 4코 앞까지 반복, G4
(1코 고무뜨기 시 겉뜨기만 돌려뜨기한다.)

4 2단과 동일하게 뜬다.

5 덮어씌워 코막음

※ 반소매 티셔츠도 모헤어, 앙고라 2합 동일하게 뜬다.

[차트 4]

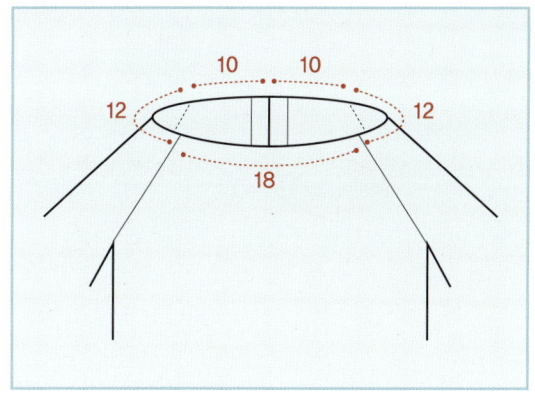

[차트 5]

[사진 1]의 목둘레 배색

폴라 티셔츠를 뜰 경우

1 1.75mm 바늘로 겉면을 보며 목둘레에서 70코를 줍는다.

2 (안) G4, p2, k2를 6코 앞까지 반복, p2, G4

3 (겉) G4, k2, p2를 6코 앞까지 반복, k2, G4

4 G4, p2, k2를 6코 앞까지 반복,p2, G4

5~8 3, 4단을 반복해 준다.

9 G4, k2, p2를 6코 앞까지 반복, k2, k1, 바비, 오모, k1

10 G4, p2, k2를 6코 앞까지 반복, p2, G4

※ 11단 이후부터는 2mm 바늘로 뜬다.

11~18 3, 4단을 반복한다.

19 G4, k2, p2를 6코 앞까지 반복, k2, k1, 바비, 오모, k1

20 G4, p2, k2를 6코 앞까지 반복, p2, G4

21, 22 3, 4단과 동일하게 뜬다.

23 덮어씌워 코막음

※ 넥밴드까지 뜬 후 소매 부분 옆선과 겨드랑이 트인 부분은 가로, 세로잇기 또는 안쪽면에서 감침질로 마무리한다.

가로잇기

세로잇기

퍼프 소매 탑다운 & 비침무늬 스커트

k(겉뜨기)	kfb(겉뜨기코 늘리기)	왼모(왼코 모아뜨기, k2tog)
p(안뜨기)	krl(오른코 늘리기)	오모(오른코 모아뜨기, ssk)
걸(걸러뜨기, sl)	kfb 코막음	안왼모(안뜨기 왼코 모아뜨기, p2tog)
바비(바늘비우기, yo)	감아코	중3모(중심3코 모아뜨기)

 겉(안)뜨기　　　　 걸러뜨기　　　　 kfb　　　　 krl　　　　 중3모

 감아코　　　　 바비　　　　 왼모, 오모　　　　 안왼모　　　　 kfb 코막음

뜨는 순서

★ 상의는 top down이라 위 → 아래로 뜬다.
　① 코를 잡아 목부분을 시작으로 24단까지 뜬다.
　② 허리 부분 밑단을 먼저 떠둔다.
　③ 소매 부분만 별도로 뜬다.
　④ 25단의 뜨지 않은 코를 모두 옮겨 몸판을 뜬다.
　⑤ 먼저 떠둔 밑단과 몸판을 연결한다.
★ 스커트는 위 → 아래로 뜬다.

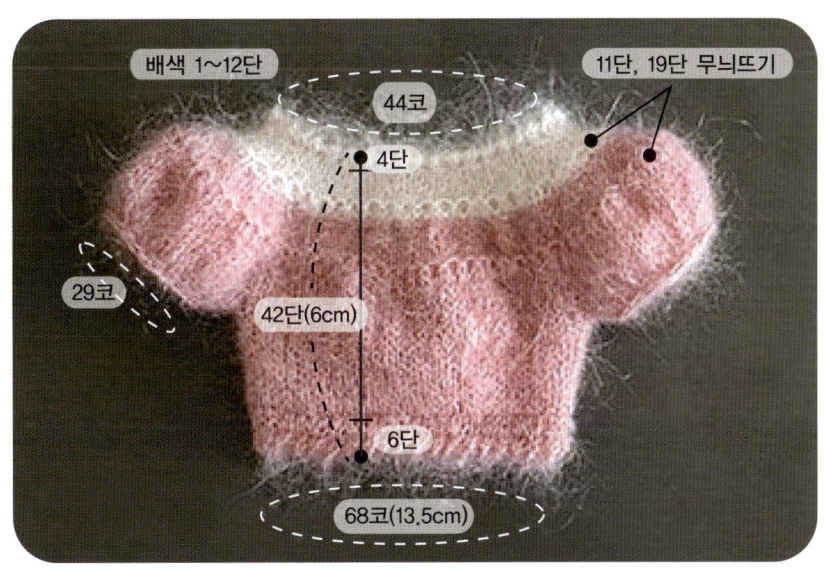

1   44코잡기

2   (안) 걸2, (k1, 바늘을 1단 아래쪽 빈 공간으로 넣어 실을 끌어와 코를 만든다. 이 과정을 40회 반복), p2 [사진1]

목둘레, 밑단
스커트 허리둘레 무늬뜨기(2단~4단)

[사진 1]

2단 : 걸러뜨기2, 겉뜨기1   바늘을 편물 아래쪽 빈 공간으로 넣어서 실을 감아 앞으로 빼준다.   코가 1개 만들어진다.

3   (겉) 걸2, (실을 겉면쪽으로 두고 걸1, k1)×40, k2

4   걸2, (안윈모를 2코 앞까지 반복), p2

5   걸2, k2, (kfb×2, k1)×11, kfb×2, 오모, 바비, k3 (68)

6   걸2, 모두 안뜨기

7, 8   걸2, 메리야스뜨기

9   걸2, k2, (k1, kfb)×2, {k2, kfb, (k1, kfb)×5}×4, k1, kfb, k6 (95)

10   걸2, 모두 안뜨기

11   걸2, k2, (p1, 실을 겉면쪽으로 두고 걸러뜨기1, 이 과정을 5코 앞까지 반복), p1, k4 [사진 2]

상하의 줄무늬뜨기(11단, 12단)

[사진 2]

걸러뜨기2, 겉뜨기2   안뜨기1   실을 앞쪽으로 둔 상태에서 걸러뜨기   다시 안뜨기1, 걸러뜨기 반복

12 걸2, p2, (p1, k1을 5코 앞까지 반복), p5

13 뜨면서 마커를 걸어준다. (17/28/35/28/17)
   [배색] 걸2, k1, (k2, kfb)×3, k2 / k2, kfb, (k1, kfb)×7, k3 / (k2, kfb)×8, k3 / k2, kfb, (k1, kfb)×7, k3 / k2, (kfb, k2)×3, k3 (125)

14 걸2, 모두 안뜨기

15 걸2, k15 / (kfb, k3)×3, kfb×4, (k3 ,kfb)×3 / k35 / (kfb, k3)×3, kfb×4, (k3, kfb)×3 / k12, 오모, 바비, k3 (145)   (17/38/35/38/17)

16 걸2, 모두 안뜨기

17 걸2, (k3, kfb)×3, k3 / k2, (kfb, k2, kfb, k1)×7, k1 / (k6, kfb)×4, k7 / k2, (kfb, k2, kfb, k1)×7, k1 / k3, (kfb, k3)×3, k2 (183) (20/52/39/52/20)

18 걸2, 모두 안뜨기

19 걸2, k2, (p1, 실을 겉면쪽으로 두고 걸1, 이 과정을 5코 앞까지 반복), p1, k4 [사진 2]

상하의 줄무늬뜨기(19단, 20단)

20 걸2, p2, (p1, k1를 5코 앞까지 반복), p5

21 걸2, 마지막 코까지 겉뜨기

22 걸2, 마지막 코까지 안뜨기

23, 24 21, 22와 동일하게 뜬다.

※ 25단부터는 소매와 몸판을 따로 뜬다. [사진 3]
소매를 먼저 뜨고, 소매를 제외한 코는 별실로 묶어둔다.

[사진 3]

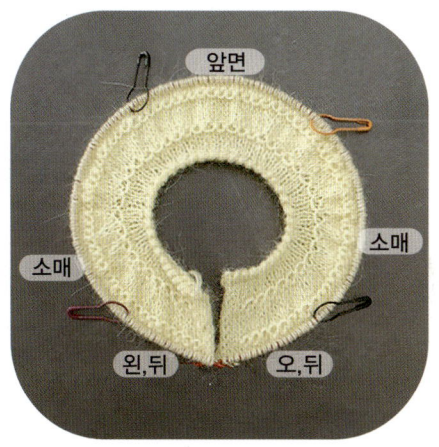

어울림 2합 사용

25 감아코4, 감아코부터 시작해서 모두 겉뜨기 (56)

26 감아코4, 감아코부터 시작해서 모두 안뜨기 (60)

27, 28 메리야스뜨기, 비숍 소매 감아코 참고

소매 감아코

[사진 4]

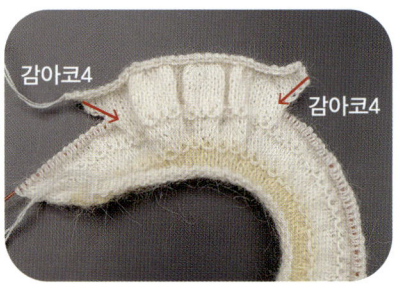

25단, 26단 감아코4

29 k2, 왼모, (중3모, 왼모×2)×7, 왼모×2, k3 (29)

30 모두 안뜨기

31 kfb하며 코막음

※ 소매 옆선과 겨드랑이 트인 부분의 잇기는 몸통을 다 뜬 후 세로잇기나 안쪽면에서 감침질로 해준다. [152쪽 참고]

kfb 코막음

※ 소매 2부분을 뜬 후 몸판을 뜨기 전에 몸판의 밑단 부분을 별도로 먼저 떠둔다.

밑단

1 48코 만들기

2 (안) 걸2, p2, (k1, 바늘을 1단 아래쪽 빈 공간으로 넣어 실을 끌어와 코를 만든다.)×40, p4 (88) [사진 1]

※ 걸러뜨기는 겉면, 안면 둘다 안뜨기 방향으로 바늘을 넣어 걸러준다.

목둘레, 밑단 스커트 허리둘레 무늬뜨기(2단~4단)

3 (겉) 걸2, k2, (실을 겉면쪽으로 두고, 걸1, k1)× 40, k4

4 걸2, p2, (안왼모를 4코 앞까지 반복), p4 (48)

5 걸2, k2, (k1, kfb)×20, k4 (68)

6 걸2, 마지막 코까지 안뜨기

※ 마무리를 하지 않고 바늘에 코를 둔 상태로 10cm 여 유실을 두고 잘라준다. (몸판이 다 떠진 후 연결한다.)

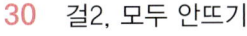

소매를 뜨고 난 후 별실에 있는 코를 바늘에 모두 옮겨
주고 겉면을 보며 뜬다. [비숍 소매 탑다운 참고]

감아코 만들면서
몸판뜨기

25   (겉) 걸2, k18, 감6, k39, 감6, k15, 오모, 바비,
     k3 (91) [사진 5]

26   (안) 걸2, 모두 안뜨기

27   걸2, 모두 겉뜨기

28   걸2, 모두 안뜨기

29   걸2, (k2, 왼모)×2, k1, 왼모, (k2, 왼모)×2 ×
     7, k4 (68)

30   걸2, 모두 안뜨기

31~34   27, 28단을 반복해 준다.

35   걸2, 5코 앞까지 겉뜨기, 오모, 바비, k3

36   걸2, 모두 안뜨기

※ 코마무리를 하지 않은 상태에서 미리 떠둔 밑단 겉면
   과 상의 겉면을 맞대고 덮어씌워 잇기로 연결시켜 준
   다. [사진 6]

덮어씌워 잇기

[사진 5]

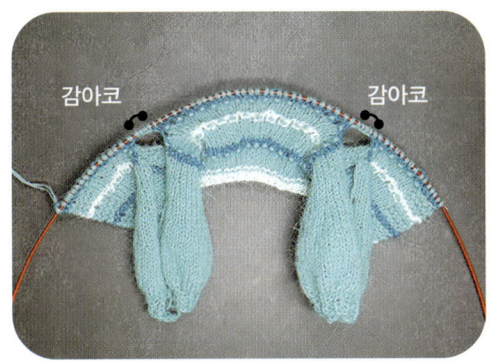

비숍 소매 탑다운 몸통 감아코 부분 참고

[사진 6]

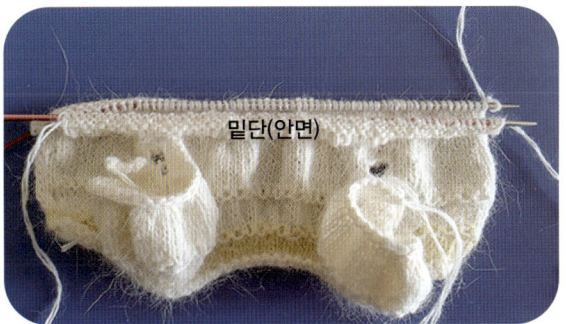

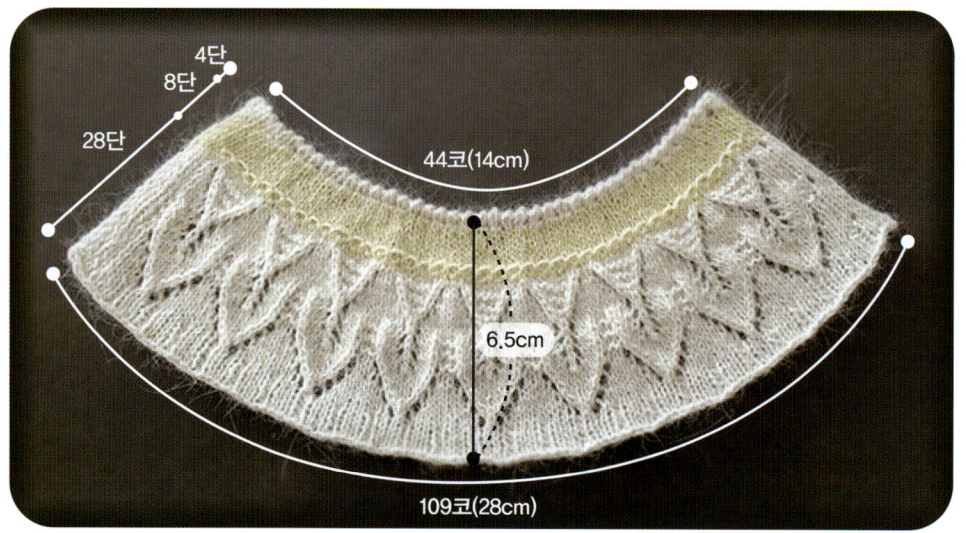

★ 배색을 할 경우
1~4단 : 바탕실
5~12단 : 배색실
13~40단 : 바탕실

[차트 1]

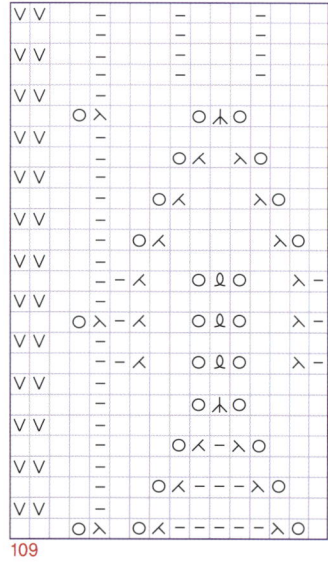

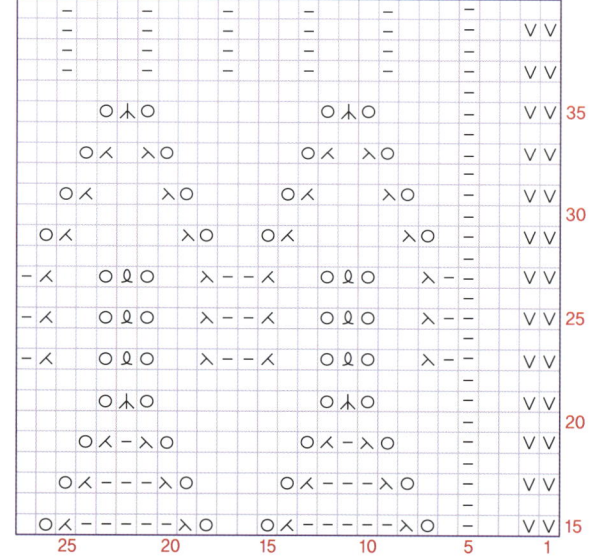

* □ : 겉뜨기　　* － : 안뜨기　　* ○ : 바늘비우기　　* ∨ : 걸러뜨기

* ℧ : 꼬아뜨기　　* 人 : 중심3코모아뜨기　　* ㅅ : 왼코모아뜨기　　* ㅅ : 오른코모아뜨기

1　44코잡기

2　(안) 걸2, (k1, 바늘을 1단 아래쪽 빈 공간으로 넣어 실을 끌어와 코를 만든다. 이 과정을 40회 반복), p2 [사진1], QR 참고

목(허리)둘레,
스커트 허리둘레 무늬뜨기(2단~4단)

3　(겉) 걸2, (실을 겉쪽으로 두고 걸1, k1)×40, k2 (84)

4　걸2, (안왼모를 40회 반복), p2 (44)

5　[배색] 걸2, k2, {(kfb)×5, k1, kfb)}×5, 오모, 바비, k3 (74)

6　걸2, 모두 안뜨기

7　걸2, 모두 겉뜨기

8　걸2, 모두 안뜨기

9　걸2, k2, k3, kfb, (k4, kfb)×12, k2, k4 (87)

10　걸2, 모두 안뜨기

11　걸2, k2, (p1, 실을 겉면에 둔 채로 걸쳐뜨기, 이 과정을 5코 앞까지 반복), p1, k4

12　걸2, p2, (p1, k1를 5코 앞까지 반복), p5

상하의 줄무늬뜨기(11단, 12단)

13　[바탕실] 걸2, k2, k2, kfb, (k3, kfb, k2, kfb)×10, k2, kfb, k3, k4 (109)

14　걸2, 모두 안뜨기

15　[무늬뜨기] 걸2, k2, p1, (k1, 바비, 오모, p5, 왼모, 바비, k1)×9, 오모, 바비, k3 [차트 1]

16　걸2, p2, k1, p99, k1, p4

17　걸2, k2, p1, (k2, 바비, 오모, p3, 왼모, 바비, k2)×9, p1, k4

18　걸2, p2, k1, p99, k1, p4

19　걸2, k2, p1, (k3, 바비, 오모, p1, 왼모, 바비, k3)×9, p1, k4

20　걸2, p2, k1, p99, k1, p4

21　걸2, k2, p1, (k4, 바비, 중3모, 바비, k4)×9, p1, k4

22　걸2, p2, k1, p99, k1, p4

23　걸2, k2, p1, (p1, 오모, k2, 바비, 돌, 바비, k2, 왼모, p1)×9, p1, k4

24　걸2, p2, k1, p99, k1, p4

25　걸2, k2, p1, (p1, 오모, k2, 바비, 돌, 바비, k2, 왼모, p1)×9, 오모, 바비, k3

26　걸2, p2, k1, p99, k1, p4

27　걸2, k2, p1, (p1, 오모, k2, 바비, 돌, 바비, k2, 왼모, p1)×9, p1, k4

28　걸2, p2, k1, p99, k1, p4

29　걸2, k2, p1, (k1, 바비, 오모, k5, 왼모, 바비, k1)×9, p1, k4

30　걸2, p2, k1, p99, k1, p4

31　걸2, k2, p1, (k2, 바비, 오모, k3, 왼모, 바비, k2)×9, p1, k4

32	걸2, p2, k1, p99, k1, p4
33	걸2, k2, p1, (k3, 바비, 오모, k1, 왼모, 바비, k3)×9, p1, k4
34	걸2, p2, k1, p99, k1, p4
35	걸2, k2, p1, (k4, 바비, 중3모, 바비, k4)×9, 오모, 바비, k3
36	걸2, p2, k1, p99, k1, p4
37	걸2, k2, p1, (k3, p1을 8코 앞까지 반복, 안뜨기만 돌려뜨기한다.), k3, p1, k4
38	걸2, p2, k1, p3, (k1, p3를 5코 앞까지 반복, 겉뜨기만 돌려뜨기한다.), k1, p4
39	걸2, k2, p1, (k3, p1을 8코 앞까지 반복, 안뜨기만 돌려뜨기한다.), k3, p1, k4
40	걸2, p2, k1, p3, (k1, p3를 5코 앞까지 반복, 겉뜨기만 돌려뜨기한다.), k1, p4
41	덮어씌워 코막음

소매 잇기

소매통을 만들기 위해 세로잇기 또는 안쪽면에서 감침질하고, 겨드랑이 부분에 트여 있는 부분은 가로잇기 또는 안쪽면에서 감침질한다.

세로잇기

세로잇기

가로잇기

가로잇기

케이프 슬리브 탑다운 & 스커트

⊗ **사용실**
램스울 2합

⊗ **바늘**
1.75mm 줄바늘, 장갑바늘

⊗ **단추** 4mm

⊗ **게이지**
메리야스뜨기
램스울 2합(1.75mm) : 4.6코×7단(1cm×1cm)

k(겉뜨기)	돌(돌려뜨기, 꼬아뜨기)	왼모(왼코 모아뜨기, k2tog)
p(안뜨기)	중3모(중심3코 모아뜨기)	오모(오른코 모아뜨기, ssk)
바비(바늘비우기, yo)	kfb(겉뜨기코 늘리기)	감(감아코)
걸(걸러뜨기, sl)		

 겉(안)뜨기
 걸러뜨기
 kfb
 돌려뜨기

 중3모
 감아코
 바비
 왼모, 오모

 **뜨는 순서**

★ 상의는 위 → 아래로 뜬다.

① 코를 잡아 목부분을 시작으로 40단까지 뜬다.

② 41, 42단에 소매 입구를 만든다.

③ 나머지 몸판과 밑단을 뜬다.

④ 목둘레 부분에 코를 주워 프릴을 뜬다.

★ 하의는 아래 → 위로 뜬다.

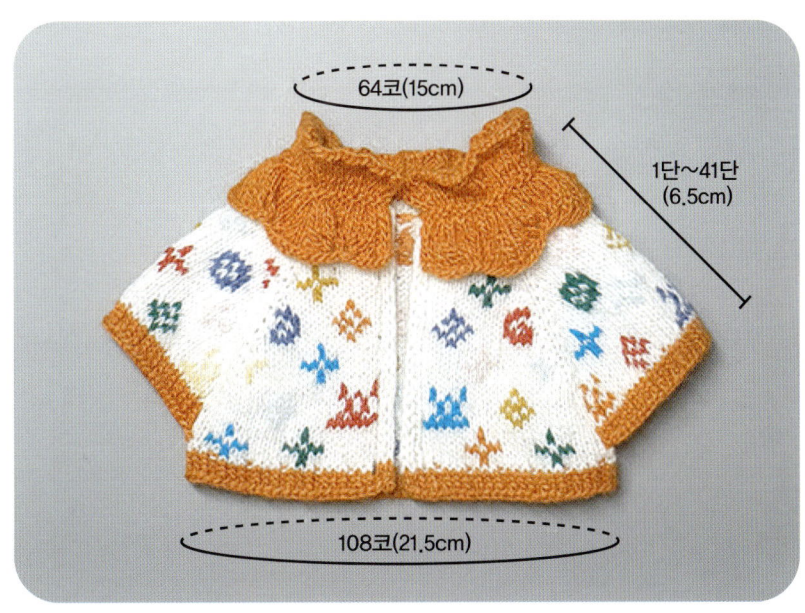

64코(15cm)

1단~41단
(6.5cm)

108코(21.5cm)

1   64코 만들기

2   (안) 걸2, p1, k1, 4코 앞까지 안뜨기, k1, p3
     (10/14/16/14/10에 마커를 걸어준다.)

※ 걸러뜨기는 안면, 겉면 모두 안뜨기 방향으로 걸러
준다.

3   (겉) 걸2, k1, p1, k5, kfb / kfb, k12, kfb / kfb,
     k14, kfb / kfb, k12, kfb / kfb, k5, 바비, 왼모,
     k2 (11/16/18/16/11)

4   걸2, p1, k1, 4코 앞까지 안뜨기, k1, p3

5   [배색 시작] [차트 1] 걸2, k1, p1, k6, kfb / kfb,
     k14, kfb / kfb, k16, kfb / kfb, k14, kfb / kfb,
     k6, p1, k3 (12/18/20/18/12)

6   걸2, p1, k1, 4코 앞까지 안뜨기, k1, p3

※ 7단부터는 3단, 5단에서와 마찬가지로 마커를 중심
으로 양옆의 코를 kfb하면서 12단(15/24/26/24/
15)까지 떠준다. 짝수단은 4단과 동일하게 뜬다.

13   걸2, k1, p1, k10, kfb / kfb, k22, kfb / kfb,
     k24, kfb / kfb, k22, kfb / kfb, k10, 바비, 왼
     모, k2 (16/26/28/26/16)

14   걸2, p1, k1, 4코 앞까지 안뜨기, k1, p3

※ 또다시 마커를 중심으로 양옆의 코를 kfb하면서 22
단까지 떠준다.

23   걸2, k1, p1, k15, kfb / kfb, k32, kfb / kfb,
     k34, kfb / kfb, k32, kfb / kfb, k15, 바비, 왼

모, k2 (21/36/38/36/21)

24   걸2, p1, k1, 4코 앞까지 안뜨기, k1, p3

※ 마커 양옆의 코를 kfb하면서 32단까지 떠준다.

33   걸2, k1, p1, k21 / k44 / k46 / k44 / k21, 바
     비, 왼모, k2 (25/44/46/44/25)

34   걸2, p1, k1, 4코 앞까지 안뜨기, k1, p3

35   걸2, k1, p1, k20, kfb / k44 / kfb, k44, kfb /
     k44 / kfb, k20, p1, k3 (26/44/48/44/26)

36   걸2, p1, k1, 4코 앞까지 안뜨기, k1, p3

37   (무늬 배색을 계속하면서 소매 부분 밑단을 뜬
     다.) 걸2, k1, p1, k22 / [배색] 소매단(안뜨기만
     돌려뜨기로)
     k2, (p1, k3를 10회 반복), p1, k1 / k48 / [배
     색] 소매단(안뜨기만 돌려뜨기로) k2, (p1, k3를
     10회 반복), p1, k1 / k21, p1, k3

※ 소매 부분의 44코는 소매 밑단이라 원하는 색으로
배색한다.

37단, 소매단

38   걸2, p1, k1, p22 / [배색] (겉뜨기만 돌려뜨기
     로) p1, k1, (p3, k1을 10회 반복), p2 / p48 /
     [배색] (겉뜨기 돌려뜨기) p1, k1, (p3, k1을 10
     회 반복), p2 / p22, k1, p3

39, 40 37, 38단처럼 동일하게 뜬다.

41 걸2, k1, p1, k22 / [배색] 소매단 44코를 코막음 / k48 / [배색] 소매단 44코를 코막음 / k22, p1, k3

42 걸2, p1, k1, p22 를 뜨고, 감아코 4코를 만들어주고 몸판의 48코를 안뜨기하고, 다시 감아코 4코를 만들고 바늘에 걸린 나머지 코를 p22, k1, p3 (108)

42단 몸통감아코

43 걸2, k1, p1, 안뜨기 코만 돌려뜨기하면서 k1, p1, (k3, p1을 6코 앞까지 반복), k2, 바비, 왼모, k2

44 걸2, p1, k1, 겉뜨기 코만 돌려뜨기하면서 p2, (k1, p1을 6코 앞까지 반복), k1, p1, k1, p3

45 걸2 ,k1, p1, 안뜨기 코만 돌려뜨기하면서 k1, p1, (k3, p1을 6코 앞까지 반복), k2, p1, k3

46 걸2, p1, k1, 겉뜨기 코만 돌려뜨기하면서 p2, (k1, p1을 6코 앞까지 반복), k1, p1, k1, p3

47 덮어씌워 코막음을 해준다.

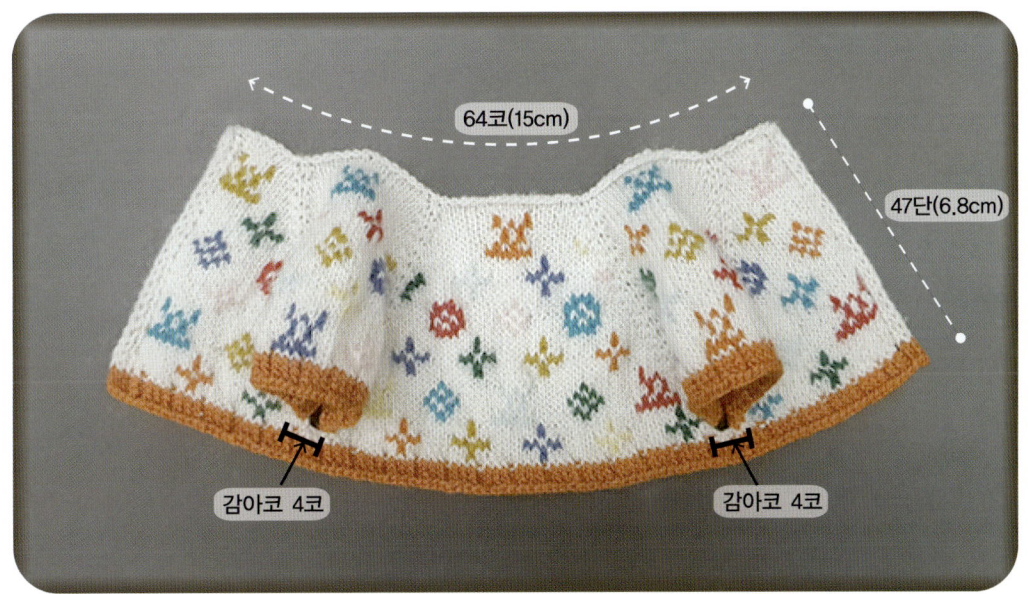

64코(15cm)

47단(6.8cm)

감아코 4코   감아코 4코

• 목둘레 프릴 •

먼저 아래쪽 프릴을 만들어준다. [사진 1]

1 1.75mm 바늘로 125코를 만들어준다.

2 (안) 걸2, 마지막 코까지 안뜨기

3 (겉) 걸2, k1, {왼모2, (바비, k1)×3, 바비, 오모2, k1}×9, 왼모2, (바비, k1)×3, 바비, 오모2, k3

4 걸2, 마지막 코까지 안뜨기

5 걸2, k1, {왼모2, (바비, k1)×3, 바비, 오모2, k1}×9, 왼모2, (바비, k1)×3, 바비, 오모2, k3

6 걸2, 마지막 코까지 안뜨기

7 걸2, k1, (왼모1, k3, 바비, k1, 바비, k3, 오모1, k1)×9, 왼모1, k3, 바비, k1, 바비, k3, 오모1, k3

8 걸2, 마지막 코까지 안뜨기

9 걸2, 마지막 코까지 겉뜨기

10 걸2, 마지막 코까지 안뜨기

11 (겉) 걸2, (왼모5, 중3모1)×9, 왼모2, k2 (60)

※ 코마무리를 하지 않고 바늘에 꽂은 채로 10cm 여유 실을 두고 잘라둔다.

[사진 1]

걸러뜨기 2코 부분 60코 주움 걸러뜨기 2코 부분
아래쪽 프릴

다음은 상의 겉면을 보면서 목부분에 코를 줍는다.

8(왼쪽 뒤) / 14(소매) / 16(앞) / 14(소매) / 8(오른쪽 뒤) 총60코를 줍는다. [사진 1]

※ 코를 주울 때 양끝 걸러뜨기 2코 부분을 뺀 나머지 부분에서 코를 줍는다.

코를 주운 다음은 먼저 떠둔 아래쪽 프릴의 안쪽면과 상의 겉면을 맞대게 두고 [사진 2]상의 안쪽면을 시작으로 각각 한코씩 두코 모아뜨기로 60코를 만들고 아래(1단~8단) 상의 프릴을 뜬다.

[사진 2]

아래쪽 프릴 안쪽
상의 안쪽

1 (겉) 걸2, 마지막 코까지 겉뜨기

2 (안) 걸2, 마지막 코까지 안뜨기

3 걸2, k1, kfb를 2코 앞까지 반복, k2 (88)

4 걸2, 마지막 코까지 안뜨기

5 걸2, k1, kfb를 2코 앞까지 반복, k2 (116)

6 걸2, 마지막 코까지 안뜨기

7 걸2, (p2, k2를 2코 앞까지 반복), p2

8 덮어씌워 코막음

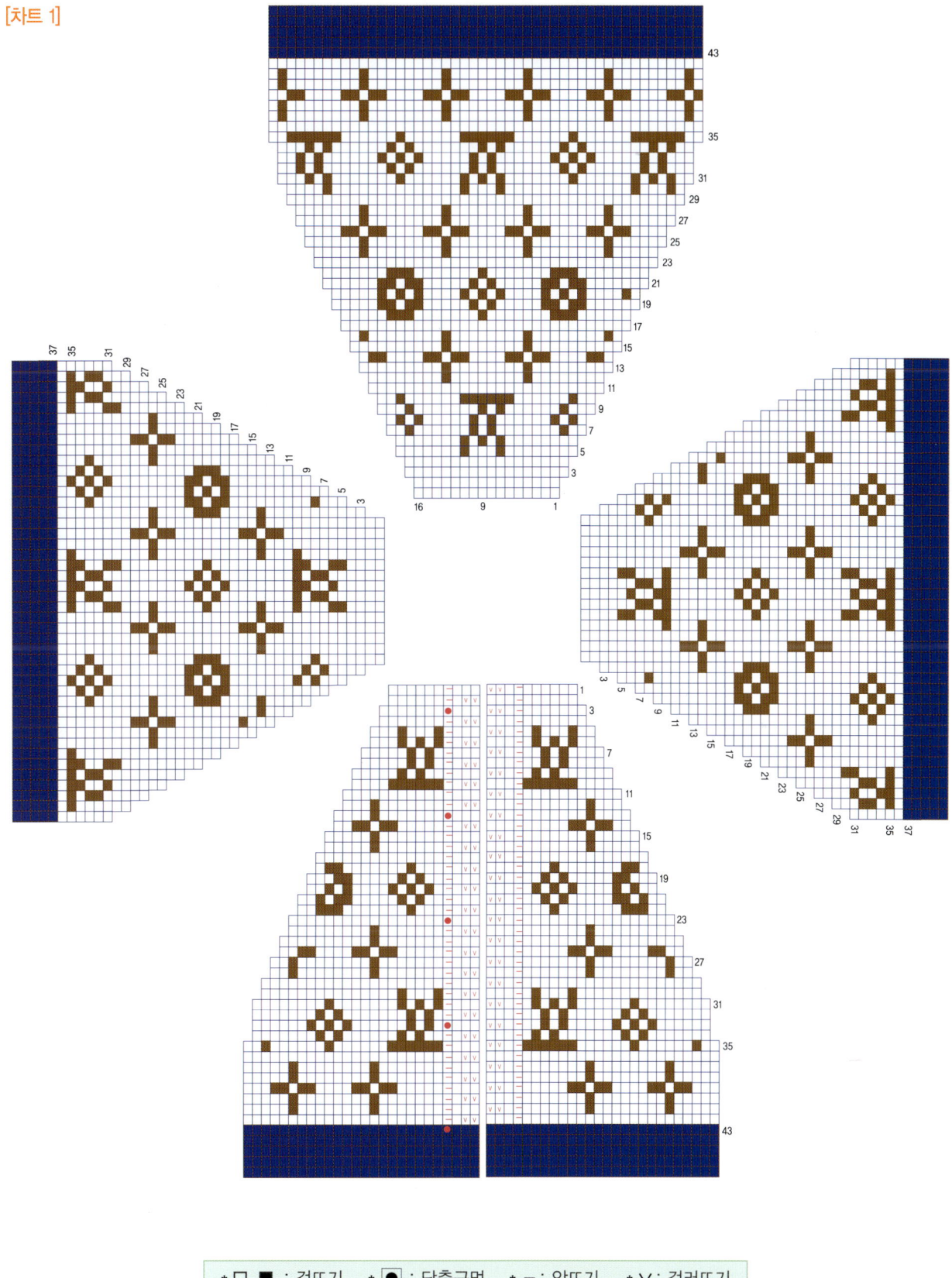

★ □,■ : 겉뜨기　★ ◉ : 단춧구멍　★ － : 안뜨기　★ ∨ : 걸러뜨기

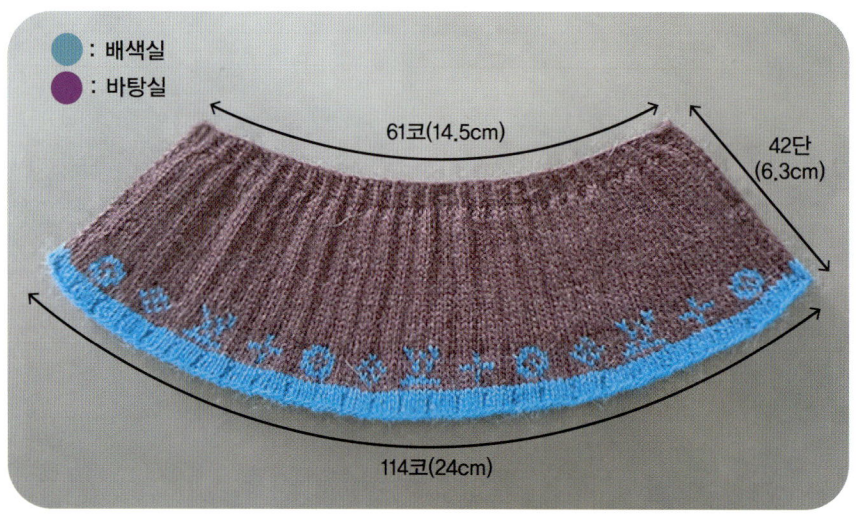

● : 배색실
● : 바탕실

61코(14.5cm)

42단
(6.3cm)

114코(24cm)

1 [배색실] 114코 만들기(1단~5단까지 배색실)

2 (안) 걸2, p1, k1, p2, (겉뜨기 코만 돌려뜨기로 k1, p3을 4코 앞까지 반복), k1, p3

3 (겉) 걸2, k1, p1, (안뜨기 코만 돌려뜨기로 k3, p1을 6코 앞까지 반복), k2, p1, k3

4 걸2, p1, k1, p2, (겉뜨기 코만 돌려뜨기로 k1, p3을 4코 앞까지 반복), k1, p3

5 걸2, k1, p1, (안뜨기 코만 돌려뜨기로 k3, p1을 6코 앞까지 반복), k2, p1, k3

6 [바탕실] 걸2, p1, k1, 4코 앞까지 안뜨기, k1, p3

7 [배색 시작] 걸2, k1, p1, 4코앞까지 겉뜨기, p1, k3(7단~12단은 도안을 보고 배색하며 뜬다.) [차트 1]

8 걸2, p1, k1, 4코 앞까지 안뜨기, k1, p3

9 걸2, k1, p1, 4코 앞까지 겉뜨기, 바비, 왼모, k2

10 걸2, p1, k1, 4코 앞까지 안뜨기, k1, p3

11 걸2, k1, p1, 4코 앞까지 겉뜨기, p1, k3

12 걸2, p1, k1, 4코 앞까지 안뜨기, k1, p3

13 걸2, k1, p1, 4코 앞까지 겉뜨기, k1, p3 (13단부터는 바탕실로 계속 떠준다.)

14 걸2, p1, k1, p2, (겉뜨기 코만 돌려뜨기로 k1, p3을 4코 앞까지 반복), k1, p3

15 걸2, k1, p1, (안뜨기 코만 돌려뜨기로 k3, p1을 6코 앞까지 반복), k2, p1, k3

16 걸2, p1, k1, p2, (겉뜨기 코만 돌려뜨기로 k1, p3을 4코 앞까지 반복), k1, p3

17, 18 15단, 16단처럼 동일하게 떠준다.

19 걸2, k1, p1, (안뜨기 코만 돌려뜨기로 k3, p1을 6코 앞까지 반복), k2, 바비, 왼모, k2

20 걸2, p1, k1, p2, (겉뜨기 코만 돌려뜨기로 k1, p3을 4코 앞까지 반복), k1, p3

21~28 15단, 16단처럼 동일하게 떠준다.

29 걸2, k1, p1, (안뜨기 코만 돌려뜨기로 k3, p1을 6코 앞까지 반복), k2, 바비, 왼모, k2

30	걸2, p1, k1, p2, (겉뜨기 코만 돌려뜨기로 k1, p3을 4코 앞까지 반복), k1, p3

30 걸2, p1, k1, p2, (겉뜨기 코만 돌려뜨기로 k1, p3을 4코 앞까지 반복), k1, p3

31~36 15~16단처럼 동일하게 떠준다.

37 걸2, k1, p1, (왼모×53), p1, k3 (61)

38 걸2, p1, k1, (안뜨기, 겉뜨기 모두 돌려뜨기로 p1, k1을 5코 앞까지 반복), p1, k1, p3

39 걸2, k1, p1, (안뜨기, 겉뜨기 모두 돌려뜨기로 k1, p1을 5코 앞까지 반복), k1, 바비, 왼모, k2

40 걸2, p1, k1, (안뜨기, 겉뜨기 모두 돌려뜨기로 p1, k1을 5코 앞까지 반복), p1, k1, p3

41 걸2, k1, p1, (안뜨기, 겉뜨기 모두 돌려뜨기로 k1, p1을 5코 앞까지 반복), k1, p1, k3

42 덮어씌워 코막음을 해준다.

[차트 2]

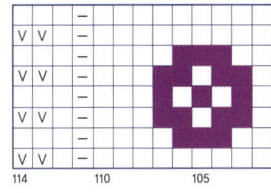
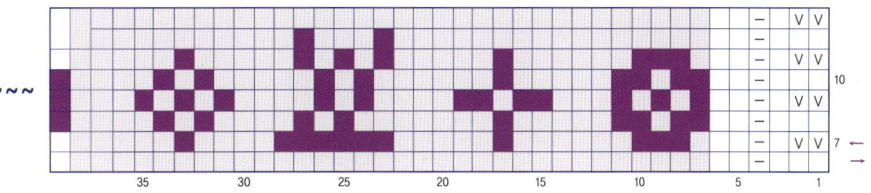

* □,■ : 겉뜨기   * – : 안뜨기   * ∨ : 걸러뜨기   : 무늬 반복

겹단 반소매 드레스

⊗ **사용실**
SANDES GARN TYNN SILK MOHAIR 1합

⊗ **바늘**
2mm 줄바늘, 장갑바늘
1.75mm 줄바늘, 장갑바늘

⊗ **게이지**
메리야스뜨기
모헤어 1합(2mm) : 3.9코×5.2단(1cm×1cm)
모헤어 1합(1.75mm) : 4.6코×6.5단(1cm×1cm)

겉(안)뜨기

걸러뜨기

kfb

krl

중3모

감아코

바비

왼모, 오모

kfb 코막음

 뜨는 순서

★ 드레스는 top down 방식이라 위 → 아래로 뜬다.

① 코를 잡아 목부분을 시작으로 10단까지 뜬다.

② 11단은 반 접어 겹단을 만들고 30단까지 뜬다.

③ 31단은 소매 부분만 분리해서 먼저 뜬 다음 몸판(원형뜨기)을 뜬다.

④ 아랫단에 매듭뜨기를 한다.

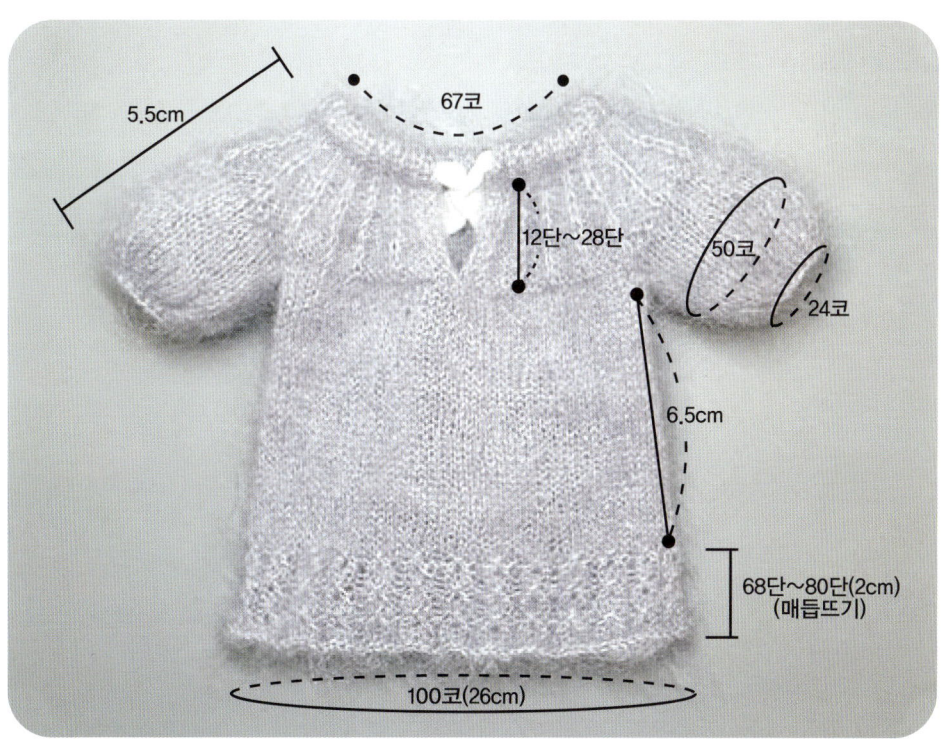

1   1.75mm 바늘로 67코 만들기

2   (안) 걸1, (p1, k1)×32, p2

※ 걸러뜨기는 안면이나 겉면이나 바늘을 안뜨기 방향으로 넣어 걸러준다.

3   (겉) 걸1, (k1, p1)×32, k2

4   걸1, (p1, k1)×32, p2

5~10   3, 4단을 반복

11   반 접어 겹단을 만든다.

11단, 목둘레 겹단뜨기

※ 12단부터는 2mm 바늘로 뜬다.

12   [2mm 바늘로 교체] (안) 걸1, (p1, k1)×32, p2

13   (겉) 걸2, k1, (걸1, p1)×30, 걸1, k3

14   걸2, p2, (k1, p1)×30, p3

15   걸2, k1, (걸1, pfb)×30, 걸1, k3 (97)

16   걸2, p2, (k2, p1)×30, p3

17   걸2, k1, (걸1, p2)×30, 걸1, k3

18   걸2, p2, (k2, p1)×30, p3

19   걸2, k1, (걸1, p1, pfb)×30, 걸1, k3 (127)

20   걸2, p2, (k3, p1)×30, p3

21   걸2, k1, (걸1, p3)×30, 걸1, k3

22   걸2, p2, (k3, p1)×30, p3

23   걸2, k1, (걸1, p2, pfb)×30, 걸1, k3 (157)

24   걸2, p2, (k4, p1)×30, p3

25   걸2, k1, (걸1, p4)×30, 걸1, k3

26   걸2, p2, (k4, p1)×30, p3

27   걸2, k1, (걸1, p4)×30, 걸1, k3

28   걸2, p2, (k4, p1)×30, p3

[차트 1]

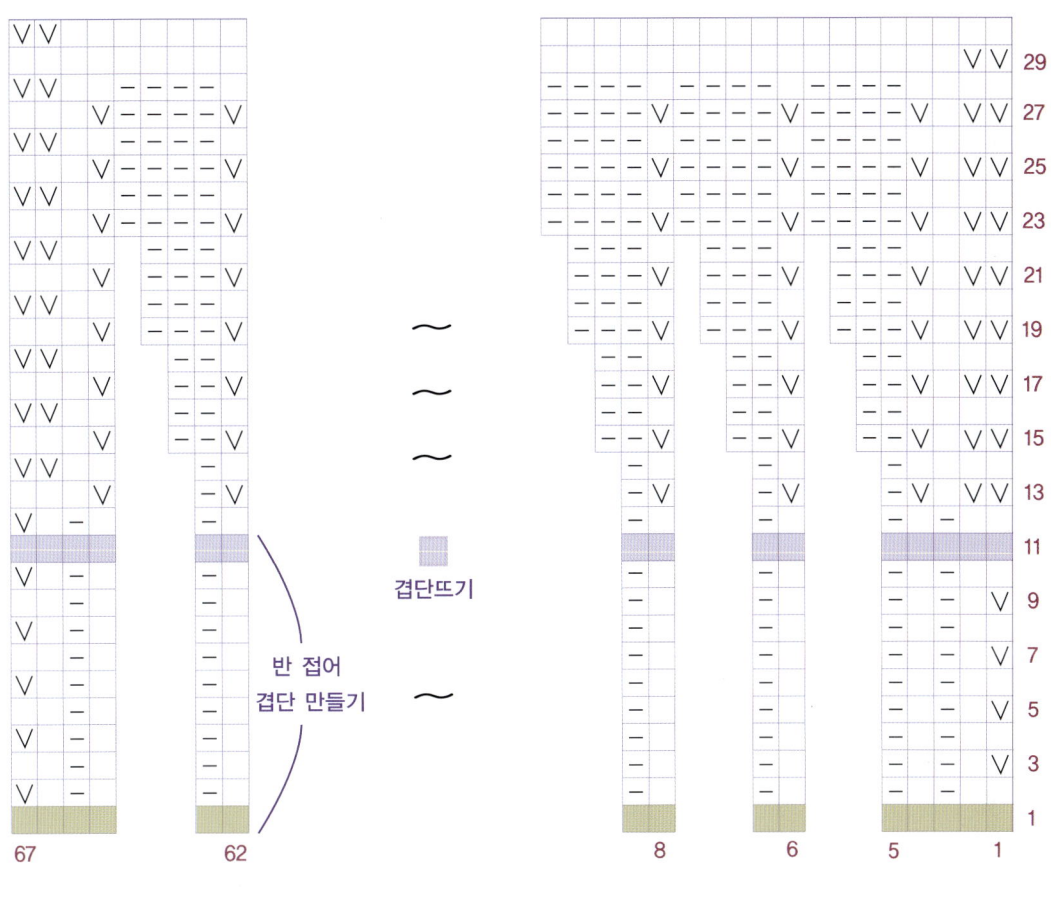

겹단뜨기

반 접어
겹단 만들기

67 62 8 6 5 1

* ☐ : 겉뜨기   * ─ : 안뜨기   * V : 걸러뜨기

29 걸2, 마지막 코까지 겉뜨기
    (뜨면서 마커를 걸어준다.) (23/35/41/35/23)

30 걸2, 마지막 코까지 안뜨기

※ 31단부터는 소매 부분만 분리해서 뜬다.
   소매 부분을 먼저 뜨고 난 후 몸판의 31단을 뜬다.
   [사진 1]

[사진 1]

소매 부분만(35코) 다른 바늘에 옮겨 뜬다.

31 감아코 3코 만들고 감아코부터 시작해서 k38

32 감아코 3코 만들고 감아코부터 시작해서 p41

비숍 소매 감아코

33 k41

34 p41

35 k1, (k8, krl)×4, k8 (45)

36 p45.

37~40 메리야스뜨기

41 k1, (k7, krl)×5, k9 (50)

42 p50

43~46 메리야스뜨기

47 k1, (왼모3, 중3모1)×5, 왼모1, k2 (24)

48 p24

49 kfb로 덮어씌워 코마무리

※ 반대편 소매도 똑같이 뜬다.

kfb 코막음

31단은 소매 코를 제외한 모든 코(87코)를 바늘에 옮기고 원형뜨기한다. [사진 2]

[사진 2]

앞면 좌, 우, 뒷면의 코를 모두 옮긴 상태

코를 바늘에 옮기면 바늘의 시작 부분이 중심으로 되어 있는데 중심에서 시작해도 시작 부분의 코가 늘어질 수 있으므로 겨드랑이 부분 근처에서 시작한다. [사진 3]

[사진 3]

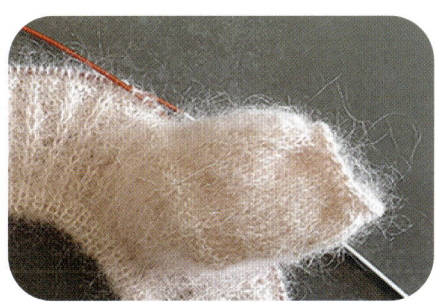

뒷면 왼쪽 겨드랑이 부분 근처에서
바늘을 빼서 원형뜨기 시작

31 겉뜨기로 뜨면서, 겨드랑이쪽의 벌어진 부분에 감아코 4코를 만들어가며 원형뜨기한다. (95)

원형뜨기 시작점
소매 감아코(31단)

32~65 겉뜨기로 원형뜨기한다.

※ 단수 길이가 손땀에 따라 달라질 수 있으므로 길이를 재어가며 사이즈에 맞춰 떠준다.

66 (k19, krl)×5 (100)

67 k100

68 [밑단] (p1, 왼코에 꿴 매듭뜨기)×25 [차트 2]

왼코에 꿴 매듭뜨기

[차트 2]

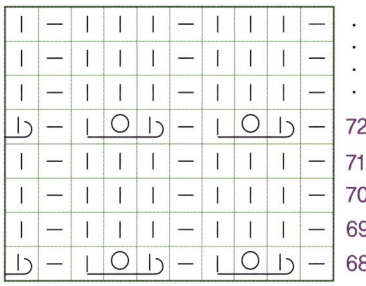

* | : 겉뜨기 * — : 안뜨기 * ⌐○⌐ : 왼코에꿴매듭뜨기

69~71 (p1, k3)×25

72~79 68~71단을 반복해서 뜬다.

80 덮어씌워 코막음을 해준다.

목둘레 끈 만들기

아이코드 또는 이중사슬뜨기로 끈을 만들어 겹단 사이로 통과시켜 준다.

이중사슬뜨기   아이코드

프릴 에이프런

❌ **사용실**
앙고라 2합

❌ **바늘**
2mm 줄바늘, 장갑바늘
3.5mm 줄바늘, 장갑바늘

❌ **게이지**
메리야스뜨기
앙고라 2합(2mm) : 4.3코×6단(1cm×1cm)

k(겉뜨기)
p(안뜨기)
G(가터뜨기)
걸(걸러뜨기, sl)

오모(오른코 모아뜨기, ssk)
왼모(왼코 모아뜨기, k2tog)
안왼모(안뜨기 왼코 모아뜨기, p2tog)
오2교(오른코 위 두 코 교차뜨기)

kfb(겉뜨기코 늘리기)
바비(바늘비우기, yo)
kfb 코막음

겉(안)뜨기　　　걸러뜨기　　　가터뜨기　　　kfb　　　바비

왼모, 오모　　　안왼모　　　오2교　　　kfb 코막음

 **뜨는 순서**

★ 허리 → 밑단으로 뜬다.

① 2mm 바늘로 코를 잡아 22단까지 뜬다.

② 23단부터 3.5mm 바늘로 스커트 부분을 뜬다.

③ 허리 부분에서 코를 주워 어깨끈을 뜬다.

④ 어깨끈 프릴을 뜬다.

⑤ 필요시 테두리를 뜬다.

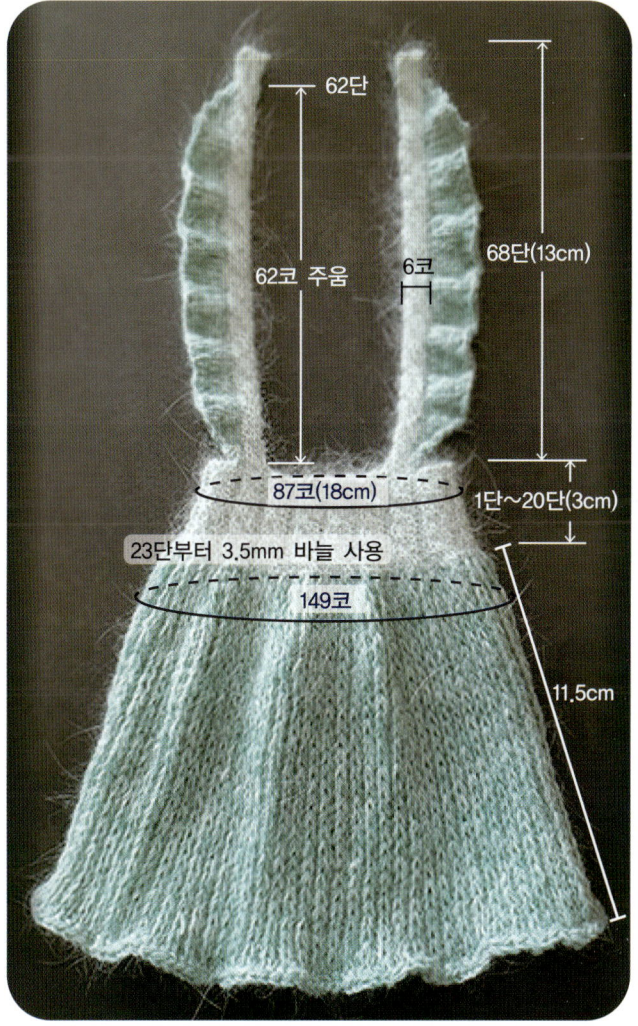

62단
62코 주움
6코
68단(13cm)
87코(18cm)
1단~20단(3cm)
23단부터 3.5mm 바늘 사용
149코
11.5cm

1   87코 만들기

2   (안) G4, p4, (k1, p4)×15, G4

3   (겉) k2, 바비, 왼모, (오2교, p1)×15, 오2교, G4

4   G4, p4, (k1, p4)×15, G4

5   G4, (k4, p1)×15, k4, G4

6   G4, p4, (k1, p4)×15, G4

7   G4, (오2교, p1)×15, 오2교, G4

8   G4, p4, (k1, p4)×15, G4

9, 10   5, 6단처럼 동일하게 뜬다.

11   k2, 바비, 왼모, (오2교, p1)×15, 오2교, G4

12   G4, p4, (k1, p4)×15, G4

13~18   5~10단처럼 동일하게 뜬다.

19   k2, 바비, 왼모, (오2교, p1)×15, 오2교, G4

20   G4, p4, (k1, p4)×15, G4

21   [배색] G4, k1, kfb3, p1, (kfb4, p1)×14, kfb3, k1, G4 (149)

22   G4, 4코 앞까지 안뜨기, G4

※ 23단부터는 3.5mm 바늘을 사용한다.

23   [3.5mm 바늘] G4, k1, (걸1, k1을 4코 앞까지 반복), G4

24   G4, 4코 앞까지 안뜨기, G4

25   G4, k1, (걸1, k1을 4코 앞까지 반복), G4

26   G4, 4코 앞까지 안뜨기, G4

※ 27단부터는 25, 26단을 계속 반복하고 원하는 길이 만큼 떠준다.

※ 코마무리는 kfb하면서 코막음을 해준다.

kfb 코막음

[kfb 코막음]

첫 코는 겉뜨기   2번째 코는 kfb   오른쪽 바늘의 1, 2번째 코로 3번째 코를 덮어씌움

교차무늬 16개 중 6번째와 11번째에서 어깨끈을 만들기 위해 코를 주워준다. [사진 1]

[사진 1]

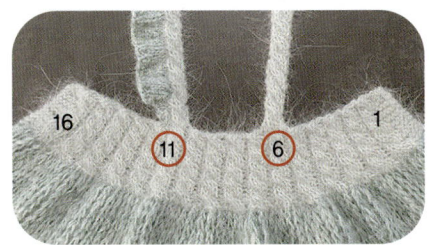

1단 : 6번째와 11번째 교차뜨기에서
6코를 줍는다.

1 교차무늬 6번째와 11번째(겉면)에서 각각 6코를 줍는다. [사진 2]

[사진 2]

3단 : p1, 오2교, p1

2 (안) k1, p4, k1

3 (겉) p1, 오2교, p1

4 k1, p4, k1

5 p1, k4, p1

6 k1, p4, k1

3단~6단을 14번, (62단까지) 반복해 준다.
(어깨끈 길이는 손땀에 따라 달라지므로 체크해가며 사이즈를 조절해 준다.)

63 p1, 오2교, p1

64 k1, p4, k1

65 p1, 왼모, 바비, 왼모(단춧구멍), p1 (5) [사진3]

[사진 3]

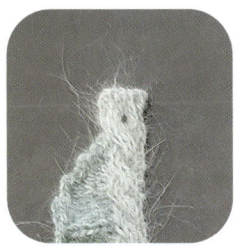

단춧구멍

66 k1, p3, k1

67 p1, k3, p1

68 덮어씌워 코막음

※ 단추는 안쪽에서 달아준다.

• 어깨끈 프릴 •

1 [왼쪽 어깨끈] 겉면을 보고 허리라인 교차점에서 시작해 어깨끈 62단 부분까지 62코를 준다. [사진 4]

1-1 [오른쪽 어깨끈] 겉면을 보고 어깨끈 62단 분분을 시작으로 허리라인 교차점까지 62코를 준다. [사진 5] 다음 단(2단)은 아래 도안을 보고 동일하게 뜬다.

2 (안) 걸, 마지막 코까지 안뜨기

3 오모, 덮어씌워 코막음2, k3, (kfb2, k1)을 5코 앞까지 반복, k5 (93)

4 안왼모, 덮어씌워 코막음2, 마지막 코까지 안뜨기 (90)

5 오모, 덮어씌워 코막음 2, 마지막 코까지 겉뜨기 (87)

6 안왼모, 덮어씌워 코막음2, 마지막 코까지 안뜨기 (84)

7 오모, 덮어씌워 코막음2, 마지막 코까지 겉뜨기 (81)

8 안왼모, 덮어씌워 코막음2, 마지막 코까지 안뜨기 (78)

9 오모, 덮어씌워 코막음3, 마지막 코까지 겉뜨기 (74)

10 안왼모, 덮어씌워 코막음3, p1, (p1, k1를 1코 앞까지 반복), p1 (70)

11 덮어씌워 코막음

[사진 4]

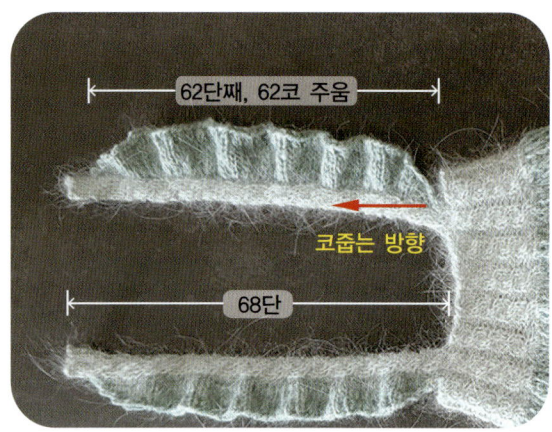

※ 왼쪽 어깨끈
허리라인에서 어깨끈 끝부분 방향으로 62코 준다.

[사진 5]

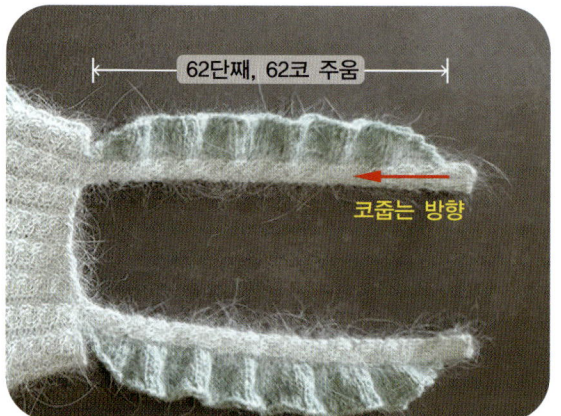

※ 오른쪽 어깨끈
어깨끈 끝부분 근처에서 허리라인 방향으로 62코 준다.

* O : 사슬뜨기　　 * X : 짧은뜨기　　 * ∧ : 짧은뜨기 2코모아뜨기

테두리는 선택사항이다. 테두리를 뜰 경우 허리 부분과 끈이 좀 더 짱짱하게 연결된다. 레이스용 1mm 코바늘로 오른쪽 끝부분에서 시작하여 기둥사슬 1개 올리고, 대바늘뜨기의 1코에 짧은뜨기 1개씩을 떠준다. 단, 허리쪽 모서리 부분은 짧은뜨기 2코모아뜨기(∧)를 해주고, 끈의 모서리쪽은 짧은뜨기1, 사슬1, 짧은뜨기1을 해준다.

오프 숄더 드레스

⊗ 사용실
앙고라 2합, 어울림 2합, 얀메이크 싸면 1합

⊗ 바늘
2mm 줄바늘, 장갑바늘
1.75mm 줄바늘, 장갑바늘

⊗ 게이지
메리야스뜨기
앙고라 2합(2mm) : 4.3코×6단(1cm×1cm)
어울림 2합(2mm) : 4.2코×5.6단(1cm×1cm)
얀메이크 1합(1.75mm) : 4.5코×6단(1cm×1cm)

k(겉뜨기)	바비(바늘비우기, yo)	오모(오른코 모아뜨기, ssk)
p(안뜨기)	중3모(중심3코 모아뜨기)	왼모(왼코 모아뜨기, k2tog)
G(가터뜨기)	m1r(오른코 늘리기)	감(감아코)
걸(걸러뜨기, sl)	m1l(왼코 늘리기)	

겉(안)뜨기

가터뜨기

걸러뜨기

m1r, m1l

중3모

감아코

바비

왼모, 오모

 **뜨는 순서**

★ 아래 → 위로 뜨는 보텀업(bottom up)이다.

① 코를 잡아 62단까지, 스커트에서 상의(가슴 부분)까지 뜬다.

② 63단부터 소매통 부분을 만들어 목둘레까지 뜬다.

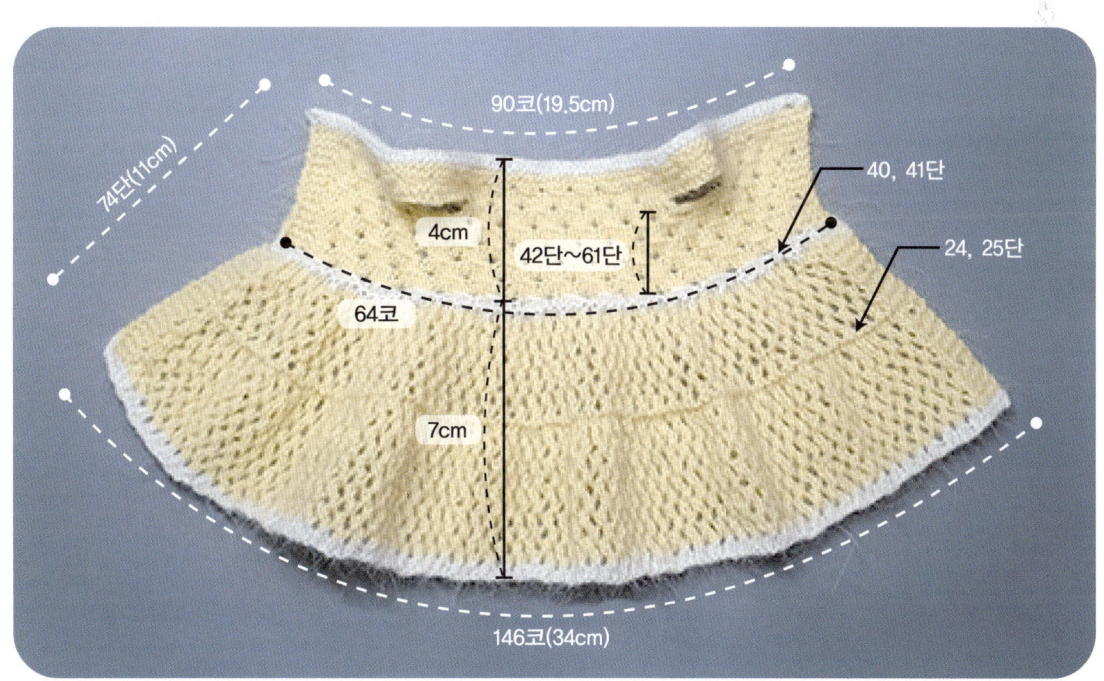

1 [배색] 2mm 바늘로 146코 만들기

2 [배색] (겉) G4, (k3, p1을 6코 앞까지 반복), k2, G4

3 [배색] (안) G4, p2, (k1, p3를 4코 앞까지 반복), G4

4 G4, k1, (바비, 왼모를 5코 앞까지 반복), k1, G4
[차트 1]

5 G4, 4코 앞까지 안뜨기, G4

6 G4, (오모, 바비를 4코 앞까지 반복), G4

7 G4, 4코 앞까지 안뜨기, G4

8~11 4~7단과 같이 동일하게 뜬다.

12 k2, 바비, 왼모, k1, (바비, 왼모를 5코 앞까지 반복), k1, G4

13 G4, 4코 앞까지 안뜨기, G4

14, 15 6, 7단과 같이 동일하게 뜬다.

16~19 4~7단과 같이 동일하게 뜬다.

20, 21 4, 5단과 같이 동일하게 뜬다.

22 k2, 바비, 왼모, (오모, 바비를 4코 앞까지 반복), G4

23 G4, 4코 앞까지 안뜨기, G4

24 G4, k5, 중3모, (k3, 중3모, k4, 중3모)×9, k4, 중3모, k6, G4 (106)

25 모두 가터뜨기

26~29 4~7단과 같이 동일하게 뜬다.

30, 31 4, 5단과 같이 동일하게 뜬다.

32 k2, 바비, 왼모, (오모, 바비를 4코 앞까지 반복), G4

33 G4, 4코 앞까지 안뜨기, G4

34~37 4~7단과 같이 동일하게 뜬다.

38 G4, k1, (바비, 왼모를 5코 앞까지 반복), k1, G4

39 G4, 4코 앞까지 안뜨기, G4

40 [배색] G4, {(k2, 중3모)×2, k1, 중3모}×7, G4 (64)

41 [배색] 모두 가터뜨기

※ 얀메이크 1합으로 뜰 경우 1.75mm 바늘로 교체 후 42단을 뜬다.

[차트 1]

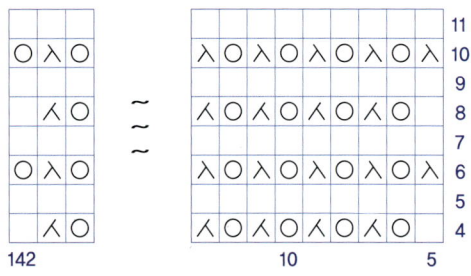

142   10   5

★ ▢ : 겉뜨기   ★ ⟍ : 오른코 모아뜨기

★ ○ : 바늘비우기   ★ ⟋ : 왼코 모아뜨기

42 [상의] k2, 바비, 왼모, 4코 앞까지 겉뜨기, G4

43 G4, 4코 앞까지 안뜨기, G4

44 G4, (바비, 걸, k3, 걸러뜨기 코로 k3를 덮어씌움, 이 과정을 4코 앞까지 반복), G4 [사진 1]

45 G4, 4코 앞까지 안뜨기, G4

46 G4, kfb, (5코 앞까지 겉뜨기), kfb, G4 (66)

47 G4, 4코 앞까지 안뜨기, G4

48 G4, k3, (바비, 걸, k3, 걸러뜨기 코로 k3를 덮어씌움, 이 과정을 7코 앞까지 반복), 바비, 걸1, k2, 걸러뜨기 코로 k2를 덮어씌움. G4 [사진 1]

49 G4, 4코 앞까지 안뜨기, G4

50 G4, kfb, (5코 앞까지 겉뜨기), kfb, G4 (68)

51 G4, 4코 앞까지 안뜨기, G4

52 k2, 바비, 왼모, k2, (바비, 걸, k3, 걸러뜨기 코로 k3를 덮어씌움, 이 과정을 6코 앞까지 반복), k2, G4

53 G4, 4코 앞까지 안뜨기, G4

54 G4, kfb, (5코 앞까지 겉뜨기), kfb, G4 (70)

55 G4, 4코 앞까지 안뜨기, G4

56 G4, k1, (바비, 걸, k3, 걸러뜨기 코로 k3를 덮어씌움, 이 과정을 5코 앞까지 반복), k1, G4

57 G4, 4코 앞까지 안뜨기, G4

58 G4, kfb, (5코 앞까지 겉뜨기), kfb, G4 (72)

59 G4, 4코 앞까지 안뜨기, G4

60 G4, (바비, 걸, k3, 걸러뜨기 코로 k3를 덮어씌움, 이 과정을 4코 앞까지 반복), G4

[사진 1]

① 바늘비우기

② 걸러뜨기

③ 겉뜨기3

④ 걸러뜨기 코로 겉뜨기 3코를 덮어씌우기

⑤ 완성

61 G4, 4코 앞까지 안뜨기, G4

62 k2, 바비, 왼모, kfb, k10, 7코 코막음, k28, 7코 코막음, k10, kfb, G4 [사진 2]

63 G4, p12, 감19, p28, 감19, p12, G4 (98) [사진 3]

64 G4, k3, (바비, 걸, k3, 걸러뜨기 코로 k3를 덮어씌움)×2, k1, G19, k4, (바비, 걸, k3, 걸러뜨기 코로 k3를 덮어씌움)×6, G19, k1, (바비, 걸, k3, 걸러뜨기 코로 k3를 덮어씌움)×2, 바비, 걸, k2, 걸러뜨기 코로 k2를 덮어씌움, G4

65 G4, p12, G19, p28, G19, p12, G4

66 G4, 4코 앞까지 겉뜨기, G4

67 G4, 4코 앞까지 안뜨기, G4

68 G4, k1, (바비, 걸, k3, 걸러뜨기 코로 k3를 덮어씌움, 이 과정을 5코 앞까지 반복), k1, G4

69 모두 가터뜨기

70 G4, k12, 오모, k15, 왼모, k28, 오모, k15, 왼모, k12, G4

71 모두 가터뜨기 (94)

72 [배색] k2, 바비, 왼모, k12, 오모, k13, 왼모, k28, 오모, k13, 왼모, k12, G4 (90)

73 [배색] 모두 가터뜨기

74 [배색] 코막음

※ 리본 장식은 클로슈 햇의 리본 도안을 참고로 사슬 3개를 시작으로 짧은뜨기 18단을 떠서 조금 작게 만들어 달아준다. [216쪽 참고]

※ 완성 후 스커트 부분의 비침무늬가 신축성이 좋아 길이가 좀 짧은 듯하지만, 세척과 스팀을 할 때 살짝 당겨 핀으로 고정시켜 스팀을 넣어주면 본래의 길이가 나온다.

[사진 2]

62단

[사진 3]

63단

얀메이크 1합

PART 3

인형 소품뜨기

비침무늬 케이프

⊗ **사용실**
SANDES GARN TYNN SILK MOHAIR 1합
앙고라 2합

⊗ **바늘**
2mm 줄바늘, 장갑바늘
2.25mm 줄바늘, 장갑바늘
1~1.5mm 레이스용 코바늘

⊗ **게이지**
메리야스뜨기
앙고라 2합(2mm) : 4.3코×6단(1cm×1cm)
모헤어 1합(2mm) : 3.9코×5.2단(1cm×1cm)

k(겉뜨기)	바비(바늘비우기, yo)	왼모(왼코 모아뜨기, k2tog)
p(안뜨기)	걸(걸러뜨기, sl)	오모(오른코 모아뜨기, ssk)
G(가터뜨기)	중3모(중심3코 모아뜨기)	

겉(안)뜨기

걸러뜨기

가터뜨기

바비

중3모

왼모, 오모

 **뜨는 순서**

★ **아래 → 위로 뜬다.**

① 89코를 잡아 아래에서 위로 뜨면서 점점 콧수를 줄여나간다.

② 코마무리를 하고 난 후 테두리를 뜨면서 끈을 만들어준다.

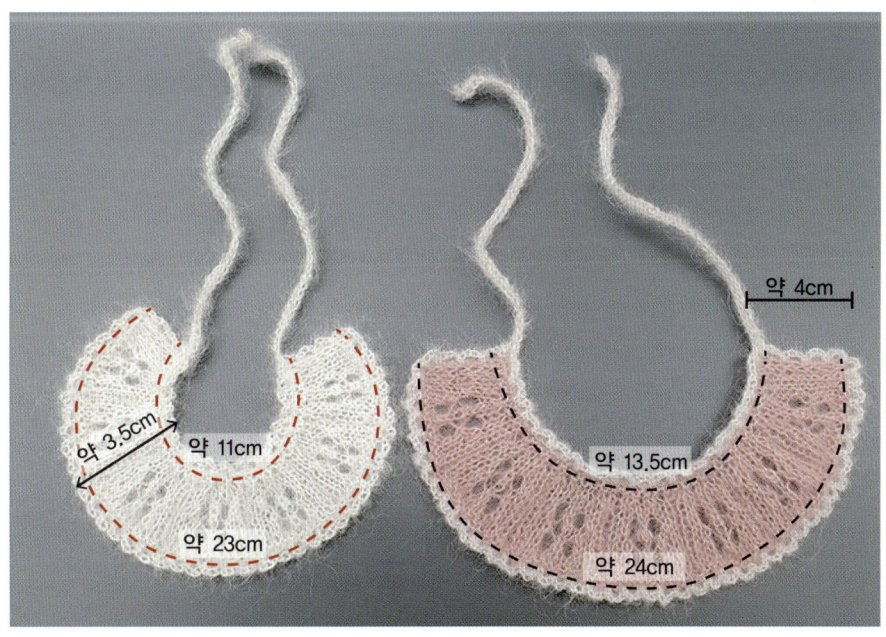

2mm 바늘(모헤어)   2.5mm 바늘(모헤어)

1	89코 만들기 [차트 1]

1 89코 만들기 [차트 1]

2 (안) 걸2, p1, 3코 앞까지 가터뜨기, p3

3 (겉) 걸2, k12, (p1, k11)×6, k3

4 걸2, p1, (p11, k1)×6, p14

5 걸2, k3, 오모, 바비, 중3모, 바비, 왼모, k2, (p1, k2, 오모, 바비, 중3모, 바비, 왼모, k2)×6, k3 (75)

6 걸2, p1, (p9, k1)×6, p12

7 걸2, k3, 오모, 바비, k1, 바비, 왼모, k2, (p1, k2, 오모, 바비, k1, 바비, 왼모, k2)×6, k3

8 걸2, p1, (p9, k1)×6, p12

9 걸2, k2, 오모, 바비, 중3모, 바비, 왼모, k1, (p1, k1, 오모, 바비, 중3모, 바비, 왼모, k1)×6, k3 (61)

10 걸2, p1, (p7, k1)×6, p10

11 걸2, k1, (k7, p1)×6, k10

12 걸2, p1, (p7, k1)×6, p10

13 걸2, k2, {(k1, 왼모)×3, k2, 왼모}×4, k5 (45)

14 걸2, p1, 3코 앞까지 가터뜨기, p3

15 덮어씌워 코 마무리를 하고, 같은 색실을 사용해 끈을 만들 경우 실을 끊지 말고 계속해서 테두리를 뜬다. [차트 2]

모헤어

앙고라 2합

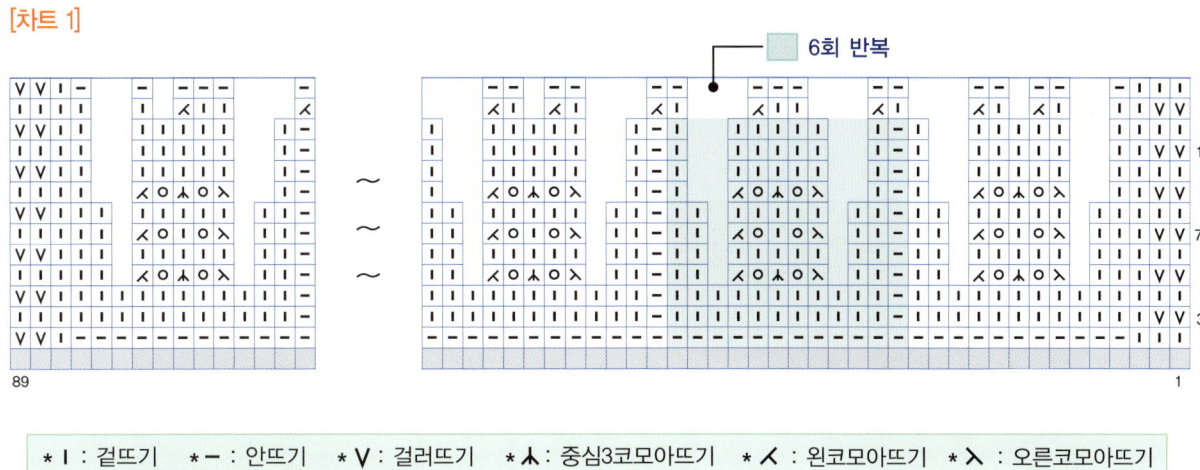

6회 반복

* Ⅰ : 겉뜨기   * ─ : 안뜨기   * Ⅴ : 걸러뜨기   * 人 : 중심3코모아뜨기   * 人 : 왼코모아뜨기   * 人 : 오른코모아뜨기

[차트 2]

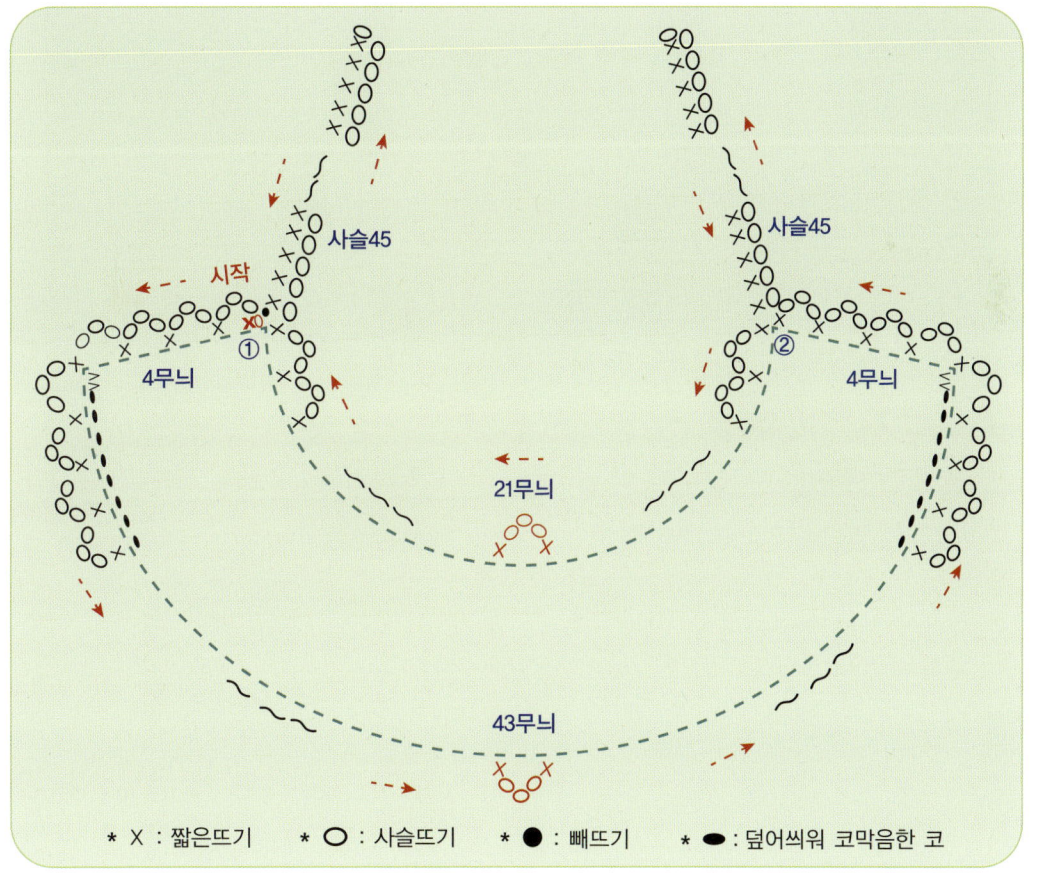

* X : 짧은뜨기   * ○ : 사슬뜨기   * ● : 빼뜨기   * ● : 덮어씌워 코막음한 코

레이스용 코바늘 1~1.5mm를 사용하여 시작점에서 ①번 기둥사슬1(짧은뜨기1, 사슬3을 ②번까지 반복), 짧은뜨기1, 사슬45, 기둥사슬1, 짧은뜨기45(짧은뜨기1, 사슬3을 ①번까지 반복), 짧은뜨기1, 사슬45, 기둥사슬1, 짧은뜨기45, 빼뜨기한다.

비침무늬 베레모

⊗ **사용실**

SANDES GARN TYNN SILK MOHAIR
앙고라 2합

⊗ **바늘**

1.75mm 줄바늘, 장갑바늘
2mm 줄바늘, 장갑바늘

⊗ **게이지**

메리야스뜨기
앙고라 2합(2mm) : 4.3코×6단(1cm×1cm)
모헤어 1합(2mm) : 3.9코×5.2단(1cm×1cm)
모헤어 1합(1.75mm) : 4.6코×6.5단(1cm×1cm)

겉(안)뜨기 　　 바비 　　 pfb 　　 중3모

돌려뜨기 　　 왼모, 오모 　　 안왼모

 **뜨는 순서**

★ **코를 잡아 원형뜨기로 아래에서 위로 뜨면서 서서히 코를 줄여나간다.**

① 90코를 만든다.

② 원형뜨기를 하면서 6단까지 고무단을 뜬다.

③ 7단부터 22단까지 코늘림을 하면서 뜬다.

④ 28단부터 서서히 코줄임을 하면서 54단까지 뜬다.

⑤ 남은 코에 실을 통과시켜 오므려 마무리한다.

모헤어 1합 　　　　　　　　　　 앙고라 2합

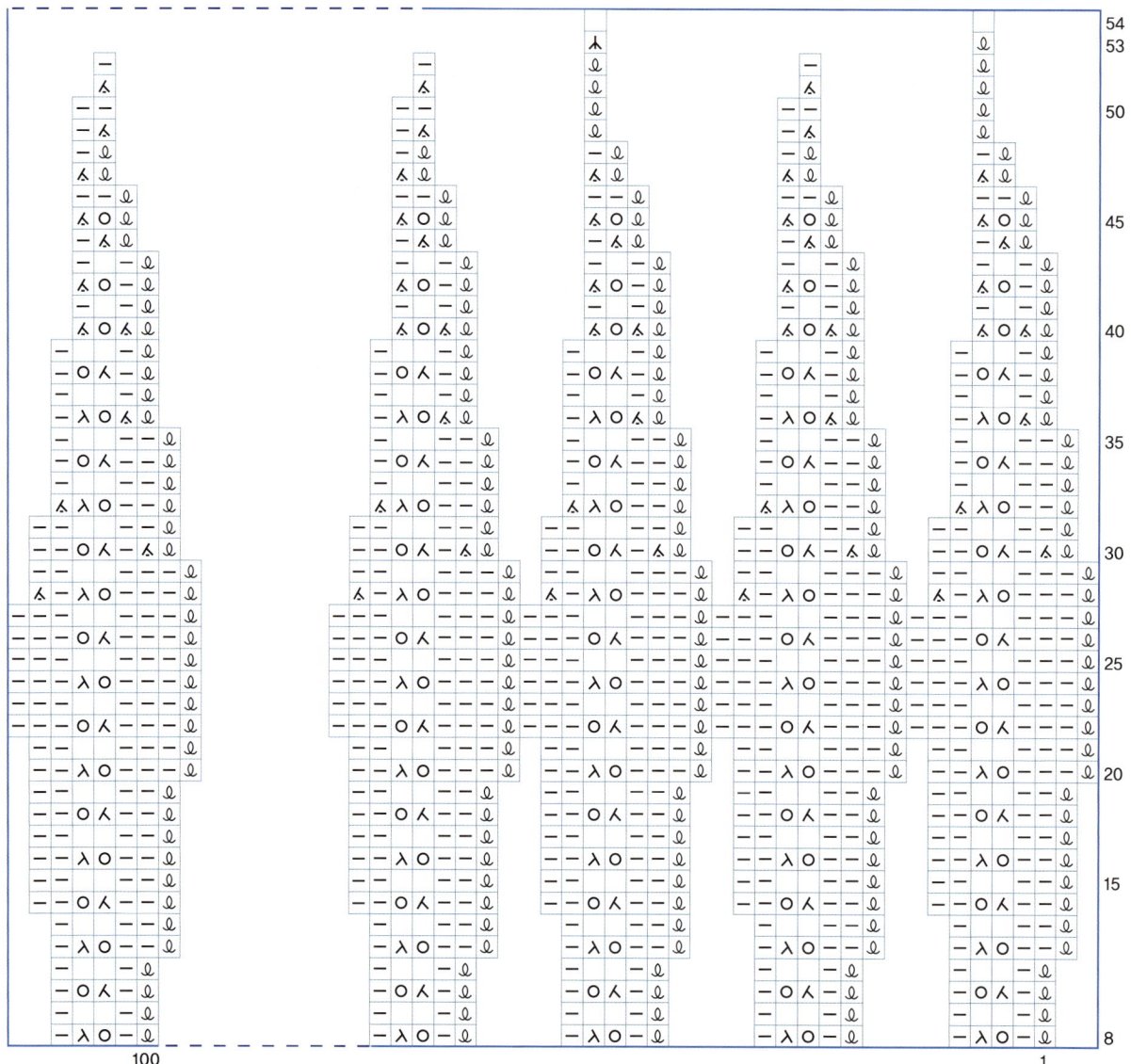

* □ : 겉뜨기　　* ─ : 안뜨기　　* 人 : 중심3코모아뜨기　　* 人 : 안뜨기왼코모아뜨기

* ℓ : 돌려뜨기　　* ○ : 바늘비우기　　* 人 : 왼코모아뜨기　　* 入 : 오른코모아뜨기

1 1.75mm 줄바늘로 90코를 만든다.
(모헤어 앙고라2합 동일)

2~6 [원형뜨기] 모든 코를 돌려뜨기로 1코 고무뜨기
(k1, p1)를 마지막 코까지 반복

7 2mm 바늘로 교체 후 (p8, pfb)×10 (100)
8 (돌, p1, 바비, 오모, p1)×20

※ 8단 이후 돌려뜨기는 겉뜨기 방향이다.

9 (돌, p1, k2, p1)×20
10 (돌, p1, 왼모, 바비, p1)×20
11 (돌, p1, k2, p1)×20

12 (돌, pfb, 바비, 오모, p1)×20 (120)
13 (돌, p2, k2, p1)×20
14 (돌, p2, 왼모, 바비, pfb)×20 (140)
15 (돌, p2, k2, p2)×20

16 (돌, p2, 바비, 오모, p2)×20
17 (돌, p2, k2, p2)×20
18 (돌, p2, 왼모, 바비, p2)×20
19 (돌, p2, k2, p2)×20

20 (돌, pfb, p1, 바비, 오모, p2)×20 (160)
21 (돌, p3, k2, p2)×20.
22 (돌, p3, 왼모, 바비, p1, pfb)×20 (180)
23 (돌, p3, k2, p3)×20

24 (돌, p3, 바비, 오모, p3)×20
25 (돌, p3, k2, p3)×20
26 (돌, p3, 왼모, 바비, p3)×20
27 (돌, p3, k2, p3)×20

28 (돌, p3, 바비, 오모, p1, 안왼모)×20 (160)
29 (돌, p3, k2, p2)×20

30 (돌, 안왼모, p1, 왼모, 바비, p2)×20 (140)
31 (돌, p2, k2, p2)×20

32 (돌, p2, 바비, 오모, 안왼모)×20 (120)
33 (돌, p2, k2, p1)×20
34 (돌, p2, 왼모, 바비, p1)×20
35 (돌, p2, k2, p1)×20

36 (돌, 안왼모, 바비, 오모, p1)×20 (100)
37 (돌, p1, k2, p1)×20
38 (돌, p1, 왼모, 바비, p1)×20
39 (돌, p1, k2, p1)×20

40 (돌, 안왼모, 바비, 안왼모)×20 (80)
41 (돌, p1, k1, p1)×20
42 (돌, p1, 바비, 안왼모)×20
43 (돌, p1, k1, p1)×20

44 (돌, 안왼모, p1)×20 (60)
45 (돌, 바비, 안왼모)×20
46 (돌, p2)×20
47 (돌, 안왼모)×20 (40)

48 (돌, p1)×20
49 (돌, 안왼모, p1)×10 (30)
50 (돌, p2)×10
51 (돌, 안왼모)×10 (20)

52 (돌, p1)×10
53 (돌, 중3모)×5 (10)
54 겉뜨기10

20cm 여유실을 두고 잘라준다.
돗바늘을 사용하여 코 안으로 실을 통과시켜 오무려주
고 코마무리를 해준다.

걸러뜨기(SL) 베레모

❌ **사용실**

SANDES GARN TYNN SILK MOHAIR 1합
앙고라 2합

❌ **바늘**

2mm(앙고라) 줄바늘, 장갑바늘
1.75mm(모헤어) 줄바늘, 장갑바늘
3mm(앙고라, 모헤어) 줄바늘, 장갑바늘

❌ **게이지**

메리야스뜨기
앙고라 2합(2mm) : 4.3코×6단(1cm×1cm)
모헤어 1합(2mm) : 3.9코×5.2단(1cm×1cm)
모헤어 1합(1.75mm) : 4.6코×6.5단(1cm×1cm)

k(겉뜨기)	걸(걸러뜨기, sl)	왼모(왼코 모아뜨기, k2tog)
p(안뜨기)	중3모(중심3코 모아뜨기)	오모(오른코 모아뜨기, ssk)

겉(안)뜨기

걸러뜨기

왼모, 오모

중3모

 **뜨는 순서**

★ 코를 잡아 원형뜨기로 아래에서 위로 뜨면서 서서히 코를 줄여나간다.

① 84코를 만든다.

② 6단까지 고무단을 뜬다.

③ 7단에서 바늘 사이즈를 교체하고 31단까지 뜬다.

④ 32단부터 서서히 코줄임을 하면서 43단까지 뜬다.

⑤ 남은 코에 실을 통과시켜 오므려 마무리한다.

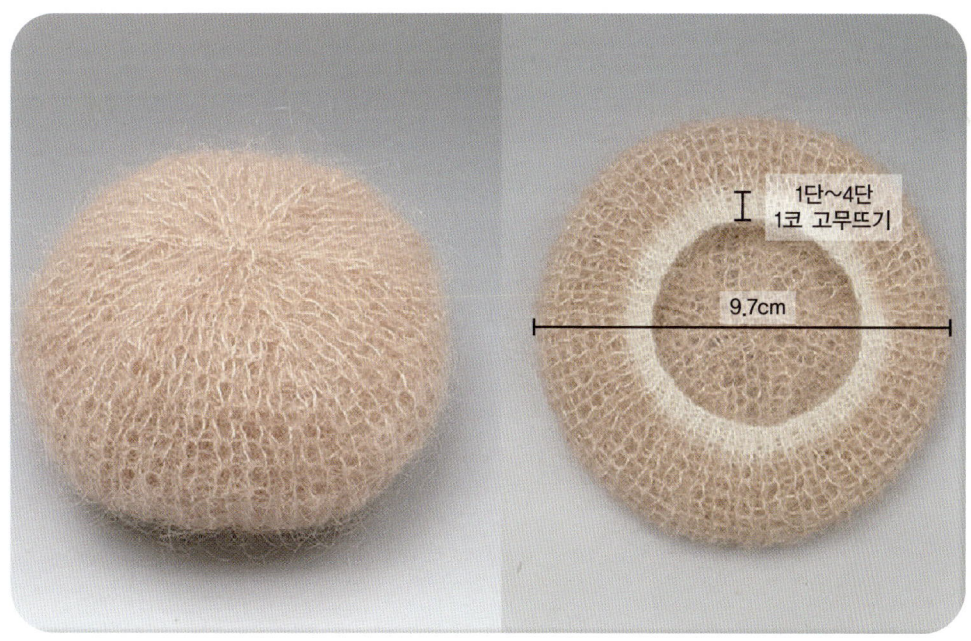

1단~4단
1코 고무뜨기

9.7cm

1	2mm 바늘로 84코 만들기(모헤어는 1.75mm)

1　2mm 바늘로 84코 만들기(모헤어는 1.75mm)

2~4　[원형뜨기] 1코 고무뜨기(k1, p1 반복)

5　걸1, p1을 마지막 코까지 반복

6　k1, p1을 마지막 코까지 반복

7　3.0mm 바늘(모헤어, 앙고라 동일)로 교체 후 걸1,
　　p1을 마지막 코까지 반복

8　k1, p1을 마지막 코까지 반복

9~30　7, 8단을 반복

31　걸1, p1을 마지막 코까지 반복

32　{(k1, p1)×5, k1, 중3모}×6 (72)

33　{(걸1, p1)×5, 걸1, k1}×6

34　오모, (k1, p1)×4, 중3모, {(p1, k 1)×4, p1, 중
　　3모}×4, (p1, k1)×4, p1, 왼모 (60)

35　k1, (걸1, p1을 한 코 앞까지 반복), k1

36　오모, (p1, k1)×3, 중3모, {(k1, p1)×3, k1, 중3
　　모}×4, (k1, p1)×3, k1, 왼모 (48)

37　{(걸1, p1)×3, 걸1, k1}×6

38　오모, (k1, p1)×2, 중3모, {(p1, k1)×2, p1, 중
　　3모}×4, (p1, k1)×2, p1, 왼모 (36)

[차트 1]

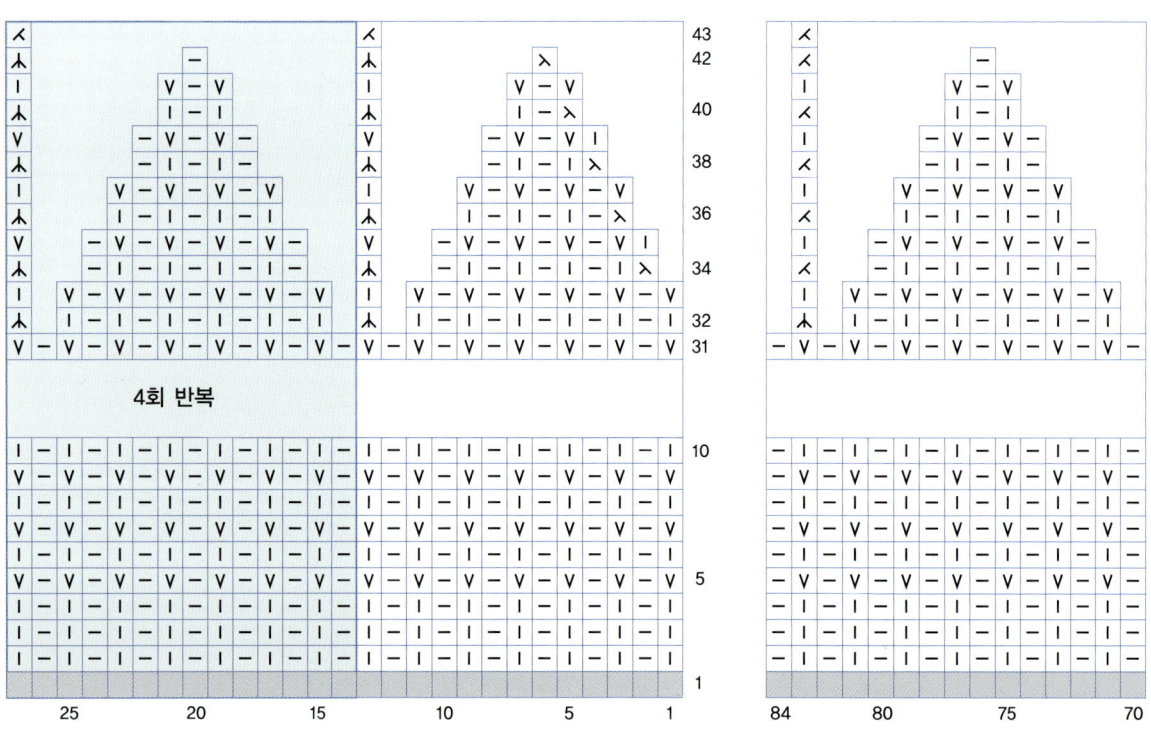

* I : 겉뜨기　* ― : 안뜨기　* V : 걸러뜨기　* ⋏ : 중심3코모아뜨기　* ⟋ : 왼코모아뜨기　* ⟍ : 오른코모아뜨기

39	k1, (걸1, p1을 한 코 앞까지 반복), k1
40	오모, p1, k1, 중3모, (k1, p1, k1, 중3모)×4, k1, p1, k1, 왼모 (24)
41	(걸1, p1, 걸1, k1)×6
42	오모, 중3모, (p1, 중3모)×4, p1, 왼모 (12)
43	왼모×6 (6)

코 중간에 바늘을 통과시켜 오무려주고 코마무리를 해준다.

앙고라 2합 사용

곰돌이 백

❌ **사용실**
  얀메이크 싸면 2합, 3합

❌ **바늘**
  모사용 2호(2합), 3호(3합) 코바늘

❌ **게이지**
  메리야스뜨기
  얀메이크 2합(2호) : 3.7코×3.6단(1cm×1cm)
  얀메이크 3합(4호) : 2.7코×2.8단(1cm×1cm)

사슬뜨기(○)
빼뜨기(●)
짧은뜨기 뒤이랑뜨기(✕)

짧은뜨기(짧)(✕)
짧은뜨기 1코 늘려뜨기(짧늘)(✖)

긴뜨기(긴)(┃)
한길긴뜨기(한긴)(┠)

사슬뜨기

빼뜨기

짧은뜨기

짧은뜨기
뒤이랑뜨기

긴뜨기

한길긴뜨기

짧은뜨기
1코 늘려뜨기

 **뜨는 순서**

★ ① 앞면 만들기 → ② 귀 만들기 → ③ 코, 입 만들어 수놓기 → ④ 뒷면 만들기 → ⑤ 앞면과 뒷면
연결하고 손잡이 만들기

[차트 1]

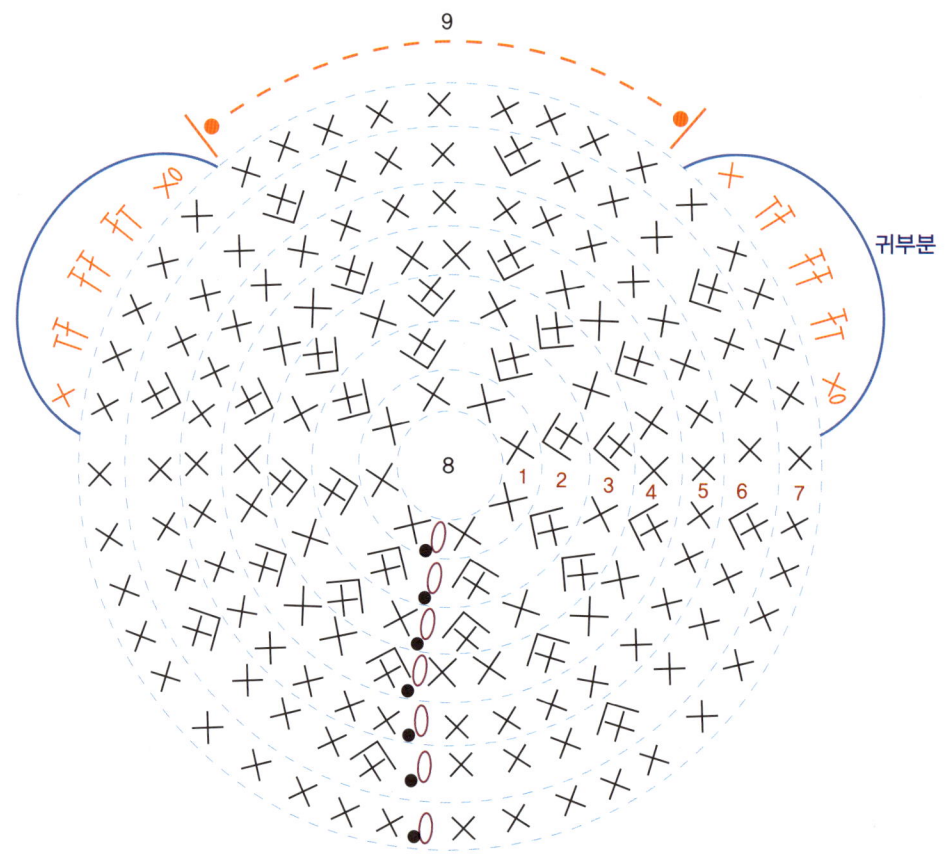

* ○ : 사슬뜨기　* ✕ : 짧은뜨기　* ⋎ : 짧은뜨기 늘려뜨기　* 🕂 : 한길긴뜨기　* 🕇 : 긴뜨기　* ● : 빼뜨기

1　매직링을 만들고 기둥사슬1, 짧8, 기둥사슬 코에 빼뜨기

2　기둥사슬1, 짧늘8, 기둥사슬 코에 빼뜨기 (16)

3　기둥사슬1, (짧늘1, 짧은뜨기1)×8, 기둥사슬 코에 빼뜨기 (24)

4　기둥사슬1, (짧2, 짧늘1)×8, 기둥사슬 코에 빼뜨기 (32)

5　기둥사슬1, 짧32, 기둥사슬 코에 빼뜨기

6　기둥사슬1, (짧3, 짧늘1)×8, 기둥사슬 코에 빼뜨기 (40)

7　기둥사슬1, 짧40, 기둥사슬 코에 빼뜨기하고 실을 잘라 정리한다.

앞면, 뒷면 뜨는 법

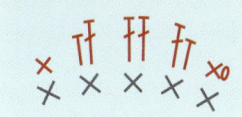

귀 만들기

귀는 5코, 귀와 귀 사이는 9코이다.

마커를 표시해둔다. [사진 1]

귀부분(5코)을 시작으로

기둥사슬1, 짧1 / 한코에 긴1, 한긴1 / 한긴 1코 늘려뜨기

/ 한코에 한긴1, 긴1 / 짧1 [차트 2]

[차트 2]

귀 만들기

[사진 1]

귀부분(5코)과 귀와 귀 사이(9코)를
마커로 표시해둔다.

기둥사슬1, 짧1/긴1, 한긴1/한긴2/한긴1, 긴1/짧1

[차트 3]

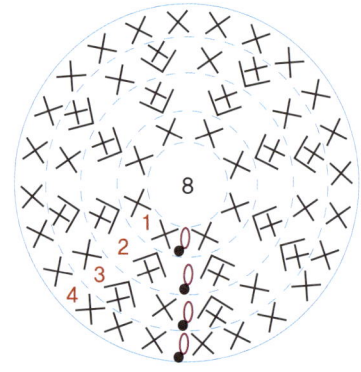

* ◯ : 사슬뜨기　　* ✕ : 짧은뜨기　　* ⋎ : 짧은뜨기 늘려뜨기　　* ● : 빼뜨기

[사진 3]

1　매직링을 만들고 기둥사슬1, 짧8, 기둥사슬 코에 빼뜨기

2　기둥사슬1, 짧늘8, 기둥사슬 코에 빼뜨기 (16)

3　기둥사슬1, (짧늘1, 짧1)×8, 기둥사슬 코에 빼뜨기 (24)

4　기둥사슬1, 짧24, 기둥사슬 코에 빼뜨기하고 30cm 여유실을 두고 잘라준다.

코, 입부분을

※ 코와 입부분에 수를 놓고 [사진 2] 곰돌이 앞부분 위에 올려놓고 원형으로
　홈질 또는 반박음질을 해준다. [사진 3]

앞면 위에 올려

[사진 2]

눈 : 단추 또는 프렌치 노트
코, 입 : 아웃라인 스티치

홈질 또는 반박음질

[차트 4]

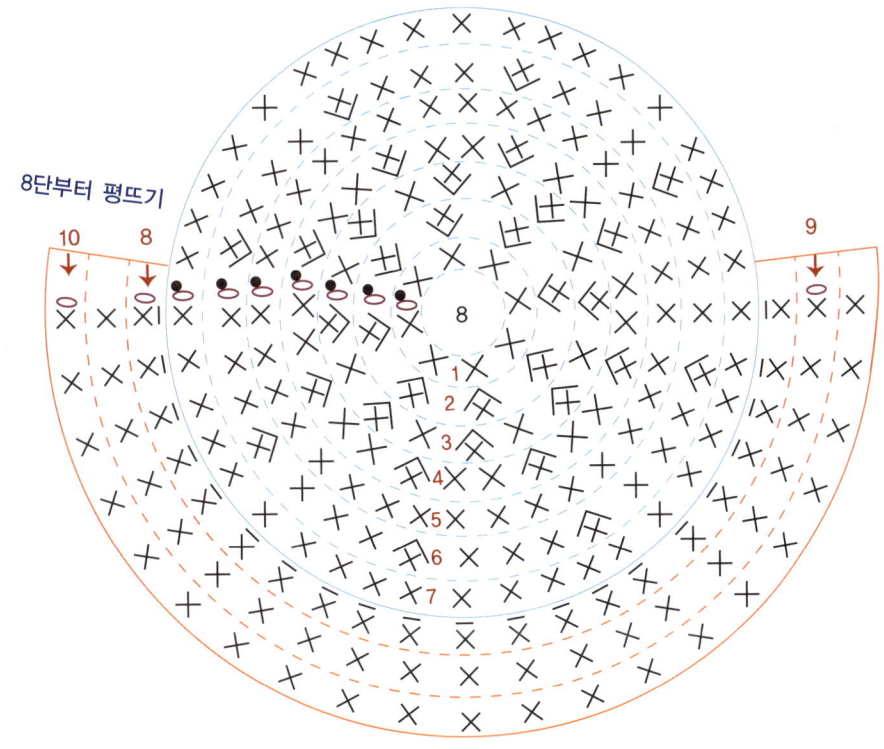

8단부터 평뜨기

10 8   9

8

1
2
3
4
5
6
7

* ◯ : 사슬뜨기　* ✕ : 짧은뜨기　* ⋎ : 짧은뜨기 늘려뜨기　* ✕ : 뒤이랑뜨기　* ● : 빼뜨기

1 매직링을 만들고 기둥사슬1, 짧8, 기둥사슬 코에 빼뜨기

2 기둥사슬1, 짧늘8, 기둥사슬 코에 빼뜨기 (16)

앞면, 뒷면 뜨는법

※ 1단~7단까지 앞면과 동일

7 기둥사슬1, 짧40, 기둥사슬 코에 빼뜨기

8 [8단부터 평뜨기] 기둥사슬1, 뒤이랑뜨기21, 편물을 돌려 안쪽
면을 뜬다.

9 기둥사슬1, 짧21, 편물을 돌려 겉면을 뜬다.

10 기둥사슬1, 짧21, 여유실(30cm)을 두고 잘라준다.

앞뒤 연결
코, 입, 앞면 연결

앞면의 귀부분 바로 옆 코(①)와 뒷면 평뜨기 부분의 코(①)를 연결한다. 연결 시 이랑뜨기하듯 앞, 뒷면 코의 가장자리 한 가닥으로 감침질한다. ①과 ①을 ②와 ②를 연결한다.

손잡이

시작

끈 달기(손잡이)

시작 부분에(오른쪽, 왼쪽 둘다 가능) 레이스용 코바늘을 넣어 이중사슬뜨기를 해준다. (비침무늬 민소매 니트 끈 달기 참고)

보울러 햇

뜨는 순서

★ 매직링을 만들어 코늘림하면서 16단까지 뜨고 17단부터 모자챙을 만들기 위해 다시 코늘림하며 뜬다.

① 매직링을 만들어 짧은뜨기 6개로 시작해서 14단까지 코늘림하며 뜬다.

② 15단, 16단은 배색한다.

③ 17단에서 모자챙을 만들기 위해 이랑뜨기한다.

④ 18단~21단까지 코늘림하며 뜬다.

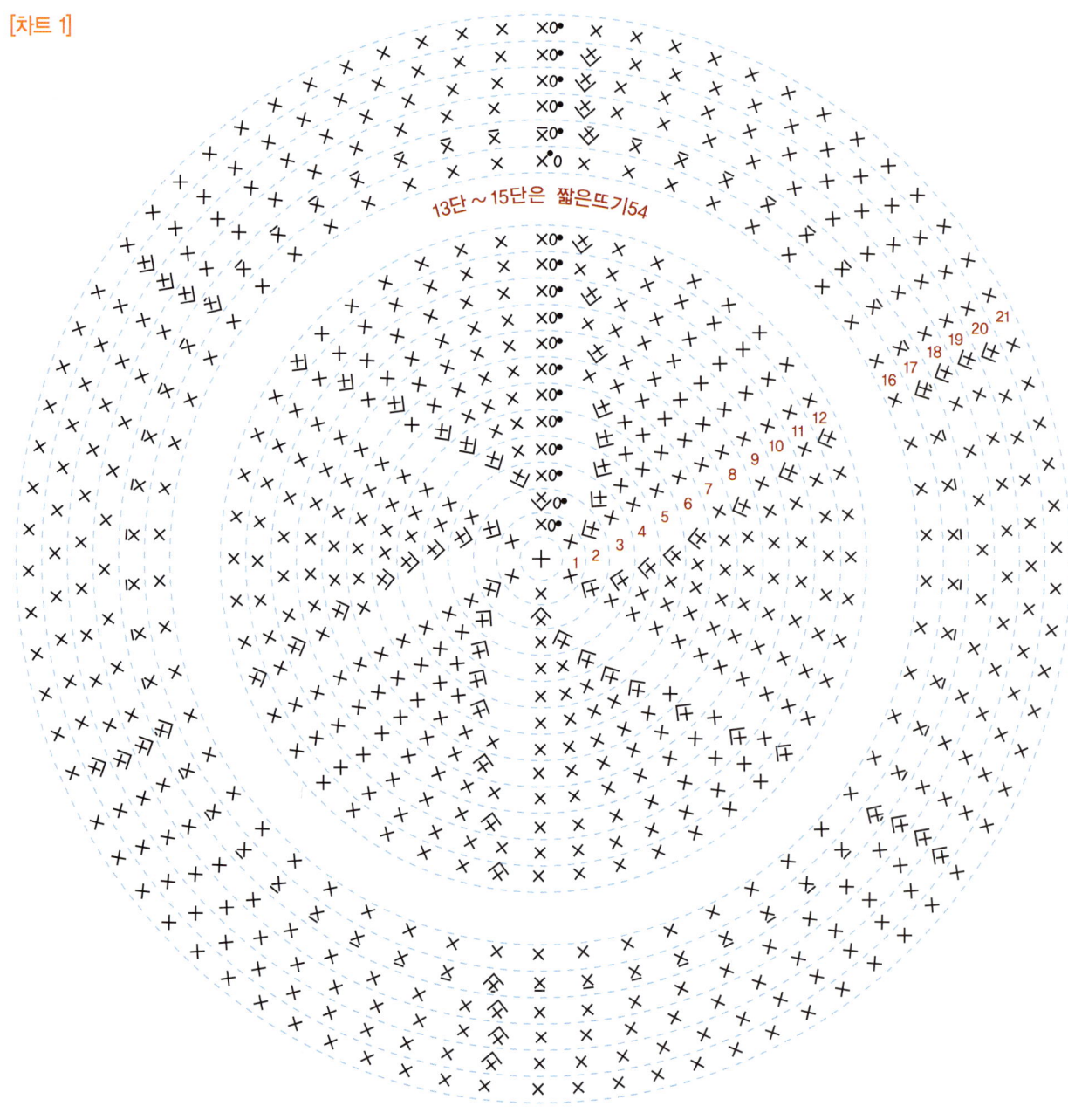

13단 ~ 15단은 짧은뜨기54

| ★ ○ : 사슬뜨기 | ★ ✕ : 짧은뜨기 | ★ ✧ : 짧은뜨기 늘려뜨기 |
| ★ ⊼ : 앞이랑뜨기 | ★ ✧ : 짧은뜨기 앞이랑 늘려뜨기 | ★ ● : 빼뜨기 |

1 모사용 5호 코바늘로 매직링을 만들고, 기둥사슬1, 짧6, 기둥사슬 코에 빼뜨기

2 기둥사슬1, 짧늘6, 기둥사슬 코에 빼뜨기 (12)

3 기둥사슬1, (짧1, 짧늘1)×6, 기둥사슬 코에 빼뜨기 (18)

4 기둥사슬1, (짧2, 짧늘1)×6, 기둥사슬 코에 빼뜨기 (24)

5 기둥사슬1, (짧3, 짧늘1)×6, 기둥사슬 코에 빼뜨기 (30)

6 기둥사슬1, (짧4, 짧늘1)×6, 기둥사슬 코에 빼뜨기 (36)

7 기둥사슬1, 짧36, 기둥사슬 코에 빼뜨기

8 기둥사슬1, (짧5, 짧늘1)×6, 기둥사슬 코에 빼뜨기 (42)

9 기둥사슬1, 짧42, 기둥사슬 코에 빼뜨기

10 기둥사슬1, (짧6, 짧늘1)×6, 기둥사슬 코에 빼뜨기 (48)

11 기둥사슬1, 짧48, 기둥사슬 코에 빼뜨기

12 기둥사슬1, (짧7, 짧늘1)×6, 기둥사슬 코에 빼뜨기 (54)

13~15 기둥사슬1, 짧54, 기둥사슬 코에 빼뜨기

※ 배색은 15단, 16단에서 한다.

16 기둥사슬1, 짧54, 첫 코에 빼뜨기

17 기둥사슬1, (짧앞이8, 짧앞이늘1)×6, 기둥사슬 코에 빼뜨기 (60)

18 기둥사슬1, (짧9, 짧늘1)×6, 기둥사슬 코에 빼뜨기 (66)

19 기둥사슬1, (짧10, 짧늘1)×6, 기둥사슬 코에 빼뜨기 (72)

20 기둥사슬1, (짧11, 짧늘1)×6, 기둥사슬 코에 빼뜨기 (78)

21 기둥사슬1, 짧78, 기둥사슬 코에 빼뜨기하고 실을 정리한다.

※ 리본은 클로슈 햇(216쪽) 참고

보터 햇

⊗ **사용실**
얀메이크 싸면 3합, 에코안다리아

⊗ **바늘**
모사용 2호, 4호, 5호 코바늘

⊗ **게이지**
메리야스뜨기
얀메이크 3합(4호) : 2.7코×2.8단(1cm×1cm)
에코안다리아(5호) : 2.1코×2단(1cm×1cm)

사슬뜨기(O)	짧은뜨기(짧)(✕)	짧은뜨기 앞이랑뜨기(짧앞이)($\overline{\text{✕}}$)
빼뜨기(●)	짧은뜨기 1코 늘려뜨기(짧늘)(✧)	짧은뜨기 뒤이랑뜨기(짧뒤이)(✕)
		짧은뜨기 앞이랑 늘려뜨기(짧앞이늘)(✧)

| 사슬뜨기 | 빼뜨기 | 짧은뜨기 | 짧은뜨기
뒤이랑뜨기 | 짧은뜨기
앞이랑뜨기 | 짧은뜨기
1코 늘려뜨기 | 짧은뜨기
앞이랑 늘려뜨기 |

 **뜨는 순서**

★ 매직링을 만들어 원형 바닥을 뜨고, 기둥을 만든 후 모자챙을 만든다.

① 매직링을 만들어 짧은뜨기 6개로 시작해서 10단까지 코늘림하며 뜬다.

② 모자 기둥을 만들기 위해 11단에서 뒤이랑뜨기하고 19단까지 코늘림 없이 뜬다.

③ 20단에서 모자챙을 만들기 위해 앞이랑뜨기한다.

④ 21단~25단까지 코늘림하며 뜬다.

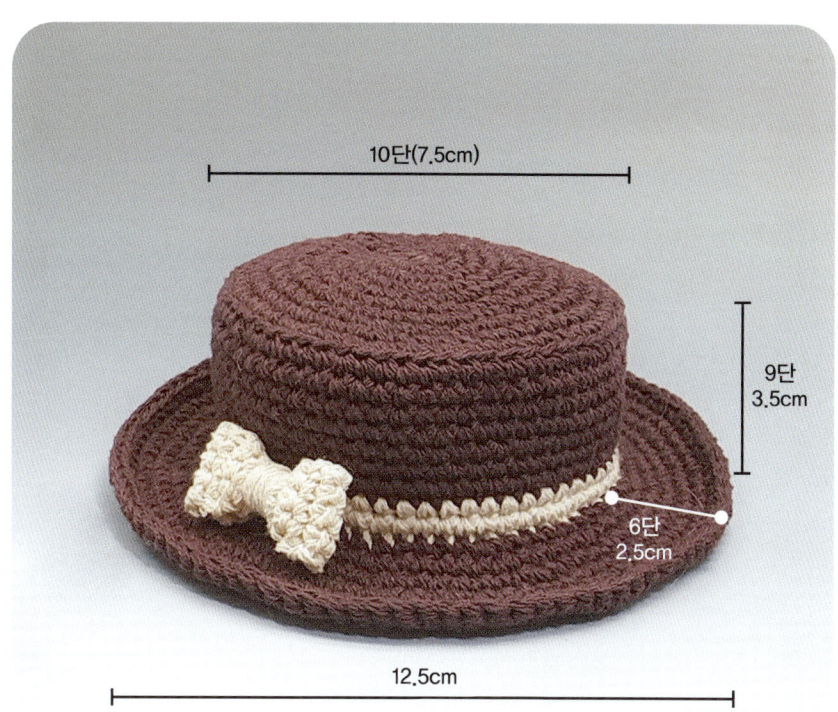

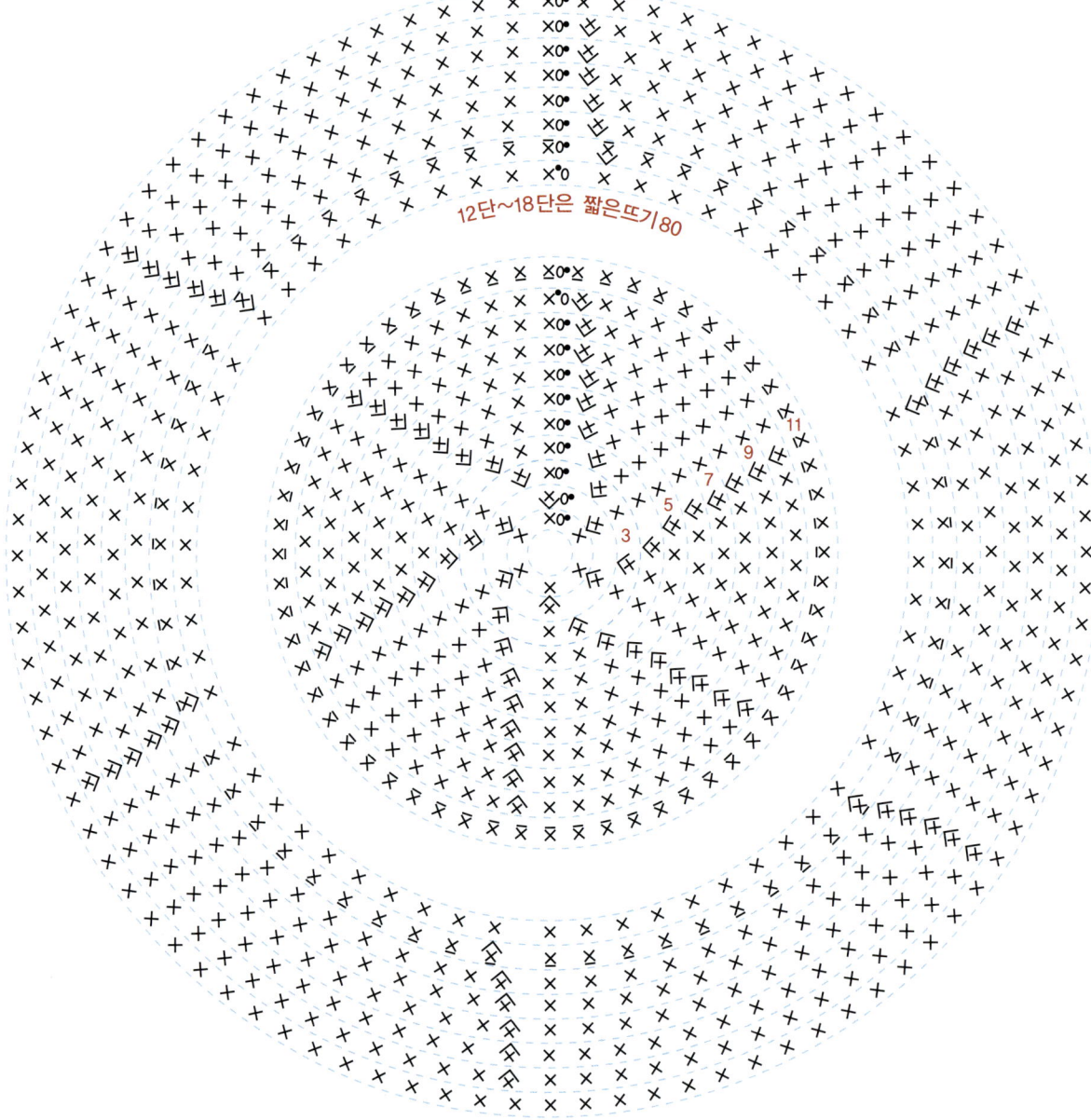

12단~18단은 짧은뜨기 80

* ◯ : 사슬뜨기   * ✕ : 짧은뜨기   * ✿ : 짧은뜨기 늘려뜨기   * ● : 빼뜨기

* ✕̄ : 앞이랑뜨기   * ✕̱ : 뒤이랑뜨기   * ✿ : 짧은뜨기 앞이랑 늘려뜨기

1 모사용 코바늘 4호로 (얀메이크 3합) 매직링을 만들고 기둥사슬1, 짧6, 기둥사슬 코에 빼뜨기

2 기둥사슬1, 짧늘6, 기둥사슬 코에 빼뜨기 (12)

3 기둥사슬1, (짧1, 짧늘1)×6, 기둥사슬 코에 빼뜨기 (18)

4 기둥사슬1, (짧2, 짧늘1)×6, 기둥사슬 코에 빼뜨기 (24)

5 기둥사슬1, (짧3, 짧늘1)×6, 기둥사슬 코에 빼뜨기 (30)

6 기둥사슬1, (짧4, 짧늘1)×6, 기둥사슬 코에 빼뜨기 (36)

7 기둥사슬1, (짧5, 짧늘1)×6, 기둥사슬 코에 빼뜨기 (42)

8 기둥사슬1, (짧6, 짧늘1)×6, 기둥사슬 코에 빼뜨기 (48)

9 기둥사슬1, (짧7, 짧늘1)×6, 기둥사슬 코에 빼뜨기 (54)

10 기둥사슬1, (짧8, 짧늘1)×6, 첫 코에 빼뜨기 (60)

11 기둥사슬1, 짧뒤이60, 기둥사슬 코에 빼뜨기

12~18 기둥사슬1, 짧60, 기둥사슬 코에 빼뜨기

※ 18, 19단 배색

19 기둥사슬1, 짧60, 첫 코에 빼뜨기

20 기둥사슬1, (짧앞이9, 짧앞이늘1)×6, 기둥사슬 코에 빼뜨기 (66)

21 기둥사슬1, (짧10, 짧늘1)×6, 기둥사슬 코에 빼뜨기 (72)

22 기둥사슬1, (짧11, 짧늘1)×6, 기둥사슬 코에 빼뜨기 (78)

23 기둥사슬1, (짧12, 짧늘1)×6, 기둥사슬 코에 빼뜨기 (84)

24 기둥사슬1, (짧13, 짧늘1)×6, 기둥사슬 코에 빼뜨기 (90)

25 기둥사슬1, (짧14, 짧늘1)×6, 기둥사슬 코에 빼뜨기(96)

※ 리본은 클로슈 햇(216쪽) 참고

1 모사용 코바늘 5호로 (에코안다리아로 뜰 경우, 서술형 도안만 참고) 매직링을 만들고, 기둥사슬1, 짧6, 기둥사슬 코에 빼뜨기

2 기둥사슬1, 짧늘6, 기둥사슬 코에 빼뜨기 (12)

3 기둥사슬1, (짧1, 짧늘1)×6, 기둥사슬 코에 빼뜨기 (18)

4 기둥사슬1, (짧2, 짧늘1)×6, 기둥사슬 코에 빼뜨기 (24)

5 기둥사슬1, (짧3, 짧늘1)×6, 기둥사슬 코에 빼뜨기 (30)

6 기둥사슬1, {(짧3, 짧늘1)×3, 짧2, 짧늘1} ×2, 기둥사슬 코에 빼뜨기 (38)

7 기둥사슬1, {(짧4, 짧늘1)×3, 짧3, 짧늘1}×2, 기둥사슬 코에 빼뜨기 (46)

8 기둥사슬1, (짧11, 짧늘1, 짧10, 짧늘1)×2, 첫 코에 빼뜨기 (50)

9 짧뒤이50, 기둥사슬 코에 빼뜨기

10~15 기둥사슬1, 짧50, 기둥사슬 코에 빼뜨기

16 기둥사슬1, 짧48, 짧모1, 첫 코에 빼뜨기 (49)

17 기둥사슬1, (짧앞이6, 짧앞이늘1)×7, 기둥사슬 코에 빼뜨기 (56)

18 기둥사슬1, (짧7, 짧늘1)×7, 기둥사슬 코에 빼뜨기 (63)

19 기둥사슬1, (짧8, 짧늘1)×7, 기둥사슬 코에 빼뜨기 (70)

20 기둥사슬1, (짧9, 짧늘1)×7, 기둥사슬 코에 빼뜨기 (77)

21 기둥사슬1, (짧10, 짧늘1)×7, 기둥사슬 코에 빼뜨기 (84)

클로슈 햇

❌ **사용실**
얀메이크 싸면 4합(5호)

❌ **바늘**
모사용 2호, 5호 코바늘

❌ **게이지**
메리야스뜨기
얀메이크 4합(5호) : 2.3코×2.3단(1cm×1cm)

사슬뜨기(O)
빼뜨기(●)

짧은뜨기(짧)(✗)
짧은뜨기 늘려뜨기(짧늘)()

긴뜨기(긴)(T)
긴뜨기1코 늘려뜨기(긴1늘)(⋁)
긴뜨기2코 늘려뜨기(긴2늘)(⋔)

사슬뜨기

빼뜨기

짧은뜨기

긴뜨기

긴뜨기 1코
늘려뜨기

긴뜨기 2코
늘려뜨기

짧은뜨기
1코 늘려뜨기

뜨는 순서

★ 매직링을 만들고 코늘림을 계속하며 뜨되 마지막 2단은 주름을 만든다.

① 매직링을 만들어 짧은뜨기 6개로 시작해서 13단까지 코늘림하며 뜬다.

② 14단, 15단은 배색한다.

③ 18단, 19단은 주름 부분을 뜬다.

19단
(9cm)

37cm

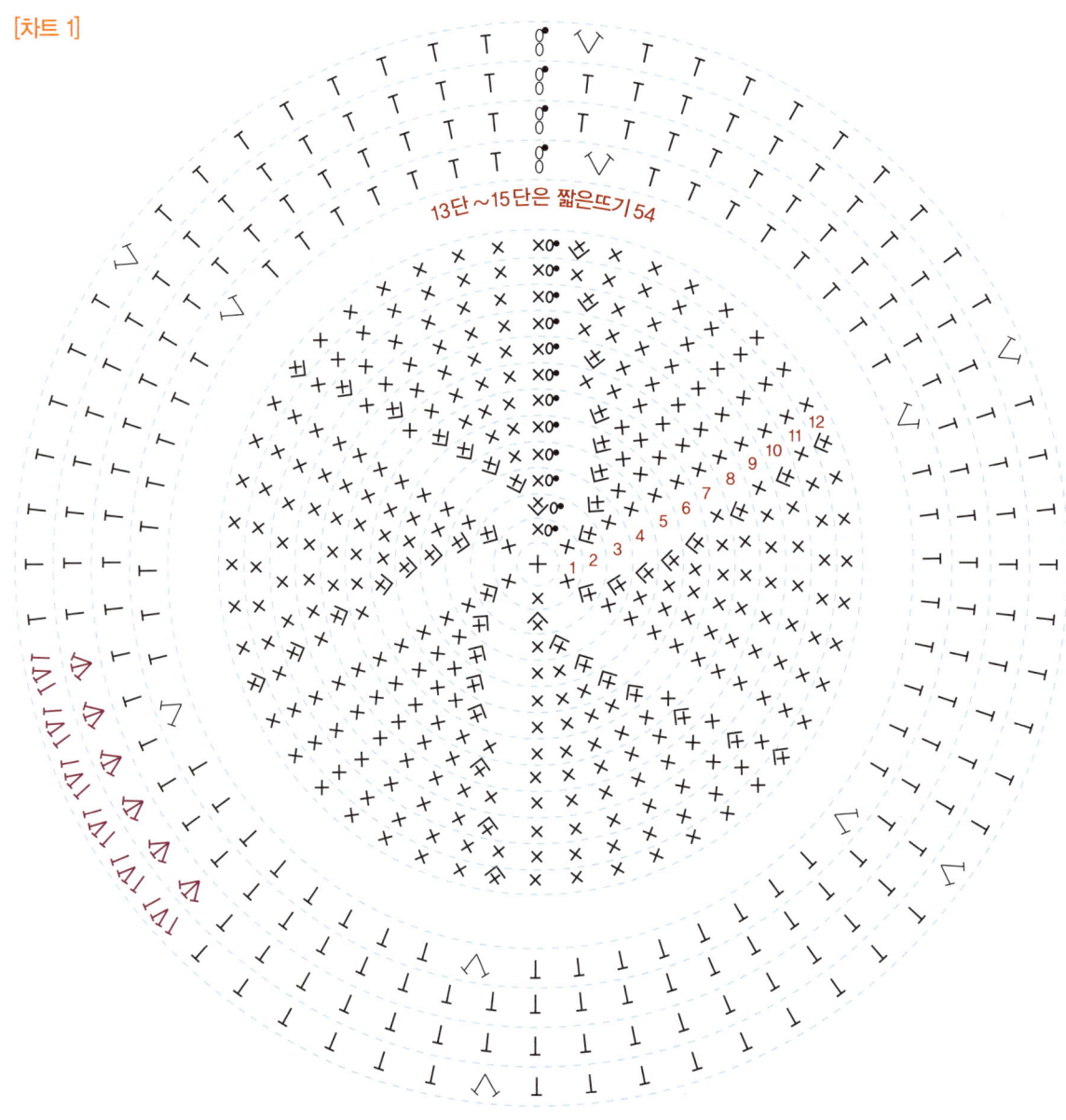

13단~15단은 짧은뜨기 54

* O : 사슬뜨기	* X : 짧은뜨기	* ⋎ : 짧은뜨기 1코 늘려뜨기(짧늘)	* T : 긴뜨기
* V : 긴뜨기 1코 늘려뜨기(긴1늘)		* V : 긴뜨기 2코 늘려뜨기(긴2늘)	* ● : 빼뜨기

1 모사용 5호 코바늘로 매직링을 만들고, 기둥사슬1, 짧6, 기둥사슬 코에 빼뜨기

2 기둥사슬1, 짧늘6, 기둥사슬 코에 빼뜨기 (12)

3 기둥사슬1, (짧1, 짧늘1)×6, 기둥사슬 코에 빼뜨기 (18)

4 기둥사슬1, (짧2, 짧늘1)×6, 기둥사슬 코에 빼뜨기 (24)

5 기둥사슬1, (짧3, 짧늘1)×6, 기둥사슬 코에 빼뜨기 (30)

6 기둥사슬1, (짧4, 짧늘1)×6, 기둥사슬 코에 빼뜨기 (36)

7 기둥사슬1, 짧36, 기둥사슬 코에 빼뜨기

8 기둥사슬1, (짧5, 짧늘1)×6, 기둥사슬 코에 빼뜨기 (42)

9 기둥사슬1, 짧42, 기둥사슬 코에 빼뜨기

10 기둥사슬1, (짧6, 짧늘1)×6, 기둥사슬 코에 빼뜨기 (48)

11 기둥사슬1, 짧48, 기둥사슬 코에 빼뜨기

12 기둥사슬1, (짧7, 짧늘1)×6, 기둥사슬 코에 빼뜨기 (54)

13, 14 기둥사슬1, 짧54, 기둥사슬 코에 빼뜨기

15 기둥사슬1, 짧54, 첫 코에 빼뜨기

※ 배색은 14단, 15단에서 한다.

16 기둥사슬2, 긴7, 긴1늘1, (긴8, 긴1늘1)×5, 기둥사슬에 빼뜨기 (60)

17 기둥사슬2, 긴뜨기59, 기둥사슬에 빼뜨기

18 기둥사슬2, 긴16, 긴2늘6, 긴37, 기둥사슬에 빼뜨기 (72)

19 기둥사슬2, 긴8, 긴1늘1, 긴7, (긴1, 긴1늘1, 긴1)×6, 긴6, 긴1늘1, (긴9, 긴1늘1)×3, 기둥사슬에 빼뜨기 (83)

리본 만들기

[차트 2]

모사용 2호 바늘을 사용해서 사슬 4코를 기준으로
짧은뜨기 4개를 7cm 정도 될 때까지 뜨고, 끝과 끝
부분을 감침질해 반으로 접은 뒤, 가운데 부분을 실
로 감아 마무리한다.

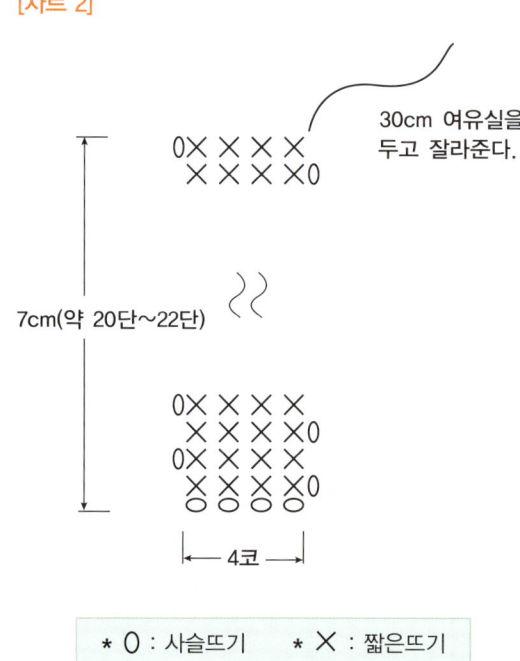

30cm 여유실을
두고 잘라준다.

0X X X X
X X X X0

7cm(약 20단~22단)

0X X X X
X X X X0
0X X X X
X X X X0

├── 4코 ──┤

* O : 사슬뜨기　　　* X : 짧은뜨기

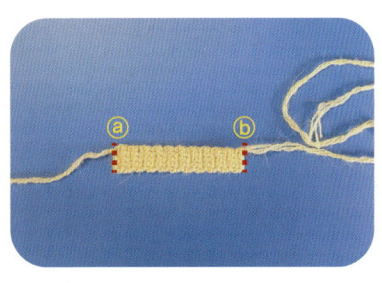

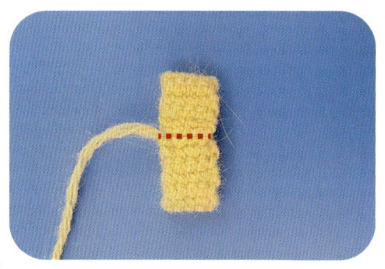

① 점선 ⓐ와 점선 ⓑ를 맞대고 감침질해서 두 겹으로 만들어준다.

② 중간 부분을 가로로 반 접는다.

③ 여유실로 원하는 두께 폭만큼 감아주고 뒷부분 접힌 부분에 풀리지 않게 매듭을 만들고 마무리한다.

저자의 작품 모음

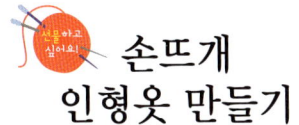

손뜨개
인형옷 만들기

2026년 1월 10일 인쇄
2026년 1월 15일 발행

저자 : 송윤주
펴낸이 : 남상호

펴낸곳 : 도서출판 예신
www.yesin.co.kr

(우) 04317 서울시 용산구 효창원로 64길 6
대표전화 : 704-4233, 팩스 : 335-1986
등록번호 : 제3-01365호(2002.4.18)

값 22,000원

ISBN : 978-89-5649-189-9